近代日本暗殺史

筒井清忠
Tsutsui Kiyotada

PHP新書

近代日本暗殺史――目次

第一章

明治編

第二章

大正編

結び

第一章

明治編

政治の非合理的要素として

本書は近代日本の主要な暗殺事件をとりあげて現代的暗殺の起源を探求し、安倍元首相暗殺事件を検討する基礎を提供しようとするものである。

このため本書は、近代日本のすべての暗殺事件を採り上げるわけではない。明治時代以降のいくつかの暗殺事件を通して近代日本社会に固有の「暗殺の文化」のようなものができ上がったのだが、そこに現れた事件を採り上げるのである。

したがって、現代的暗殺につながる、いわば主題に関係の深い暗殺事件のみを採り上げるので、それにつながらない事件は一般的に重要と見られていても採り上げることにならないことをお断りしておきたい。

さて、考察にあたってはまず、暗殺一般の意味について見ておく必要があるだろう。

暗殺（政治的殺人）は政治の非合理的要素である。暗殺を軸に、政治を、我々が親しんでいる議会制民主政治＝合理的政治と、暗殺による政治＝非合理的政治に分ければ、表のよう

（暗殺を軸にした）政治の分類

	合理的政治	非合理的（暗殺）政治
基本	議会政治、ルールに則る、予期的時間運営、社会的・集団的基準に依拠	暴力による政治、ルール無視、突発・偶然（運命）・予測不能的時間運営、人間的・個人的要素に依拠
当事者の目標	政策による明示	「斬奸状」等により明示される場合もあるが、明示的ではないケースもある
手段	言論・論争、選挙	暴力
主要政治参加者	議員（高学歴傾向）・官僚（高学歴選抜）、（前者の選出には国民が投票という形で参加するが、組織票で決まることが多いため参加感が希薄化しやすい）	学歴無関係・大衆化
世論へのアピール度	小（複雑で時間がかかるため）	大（単純なため理解されやすい）

に整理できるだろう。

説明に多言を要しないと思うが、暗殺は政治における非合理的要素を最も拡大させる近代自由民主主義政治の最大の障害物である。しかし、それは以下の四点の要素を孕《はら》んでいるので、深く理解して考察しておく必要がある。

①政治・社会に与える影響はきわめて大きい。

②また大衆の政治参加＝「デモクラシー」という点で無視できぬ要素を孕んでいる。

③そのため社会への浸透性が高い。

④文化的・歴史的要素との関連性が

高い。

とくに④は重要で、このために現代日本の暗殺を考察するにあたっても、近代日本暗殺史の理解が不可欠になるのである。こうした視点から、以下、具体的に近代日本の暗殺事件を採り上げて検討していくことにしたい。

赤坂喰違の変（一八七四年）　岩倉具視暗殺未遂事件

近代日本暗殺史を扱う本書は、明治新政府成立後の暗殺を考察することを主題とするので、幕末維新暗殺史に詳しく触れることはしない。のちの暗殺事件に大きな影響を与えた桜田門外の変（一八六〇年三月）をはじめ、文久年間の三年間（一八六一〜六四年）だけでも三〇〇件を超す暗殺があったと言われ、この大量の暗殺がなされた時代のことは留意しておく必要があるが、それらは天誅組《てんちゅうぐみ》（尊王攘夷派の武装集団）の変、但馬生野《たじまいくの》の変などとともに、戊辰《ぼしん》戦争に至る維新内戦史の一環として見るのが妥当だと思われる。それは、平常時の暗殺とは質の違ったものなのである。

そうすると、戊辰戦争が終わり、明治新政府が成立したあとの暗殺が普通の意味での暗殺ということになる（横井小楠《しょうなん》・大村益次郎らの暗殺は、なお維新内戦史の余波と見るべきであろう）が、そうした意味で近代日本の平常時における最初の暗殺は、右大臣岩倉具視《ともみ》が退庁後の帰途に襲撃された赤坂喰違《くいちがい》の変（一八七四年）ということになるだろう。

一八七四年（明治七年）、一月十四日午後八時、退庁する馬車上の右大臣岩倉具視が赤坂喰違で襲撃され、四谷濠《ぼり》へ転落、危険であったが潜伏して助かったのだった。かねて岩倉をつけ狙っていた犯人たちは午後四時に岩倉の馬車を見かけ追跡、赤坂御所に入ったので仲間を呼び待ち伏せて襲った。岩倉は発見され救助されたが、水に浸かったときの低体温状態を温めねばならなかった。検査すると腰など二カ所に傷があり、結局約一カ月間の休暇をとっている。精神的疲労が大きかったのが原因と言われている。

犯人は武市熊吉《たけちくまきち》ら高知県の不平士族九名で、征韓論に敗れた西郷隆盛・板垣退助系の元官僚・軍人であった。土佐系不平士族はほかにも前年から芝増上寺や浅草寺に放火するなど騒乱を企図して活動していた。

大久保利通内務卿が川路利良《かわじとしよし》大警視に捜査させ、全員逮捕され除族斬首となった。のちの一九〇〇年、武市たちの正式の墓が建てられ、谷干城《たてき》が撰文《せんぶん》している。

岩倉具視

明治新政府成立後の最初の政府要人への本格的暗殺（未遂）事件だが、襲われた岩倉は殺害されたわけではないから、政治に与えた影響はそれほど大きいものではなく、岩倉の療養中に起きた佐賀の乱（一八七四年）のほうが与えたインパクトはよほど大きかった。また、社会的影響も、次に起こる紀尾井坂《きおいざか》の変ほどではなかった。その意味ではこの事件は、次に起きる紀尾井坂の変の前哨戦《ぜんしょうせん》のようなものであったと見るべきであろう。

（福島成行『赤坂喰違の事変――征韓論余聞』前田馬城太、一九二七年／尾佐竹猛《おさたけたけき》『法窓秘聞』育生社、一九三七年／大島太郎「岩倉具視襲撃事件―征韓論者の軽卒な報復―」我妻栄《わがつまさかえ》他編『日本政治裁判史録　明治・前』第一法規出版、一九六八年、三五九〜三七一頁／佐々木克『岩倉具視　幕末維新の個性5』吉川弘文館、二〇〇六年／一坂太郎『暗殺の幕末維新史』中公新書、二〇二〇年、を参照。）

紀尾井坂の変（一八七八年）　大久保利通暗殺事件

一八七八年（明治十一年）五月十四日朝、登庁中の内務卿大久保利通が東京府麴町《こうじまち》区麴町紀尾井町清水谷（現在の東京都千代田区紀尾井町清水谷）で、斬奸状《ざんかんじょう》を持った石川県（元）士族島田一郎・長連豪《ちょうつらひで》・杉本乙菊《おとぎく》・脇田巧一・杉村文一《ぶんいち》および島根県士族の浅井寿篤《ひさあつ》の六名に殺害された事件である。日本刀で馬の脚を斬ったあとに襲うなど、用意周到な犯行であった。

大久保は全身に一六カ所の傷を受けており、そのうちの半数に当たる八箇所は頭部に対するもので、事件直後に駆けつけて大久保の遺体を見た前島密《ひそか》は「肉飛び骨砕け、又頭蓋《ずがい》裂けて脳の猶《なお》微動するを見る。嗚呼《ああ》是れ何等の悲絶痛絶ぞ」（黒龍会編『西南記伝』下巻一、原書房、一九六九年、四六九頁）と語っている。恨みの深さがわかる。

襲撃者の中心的存在は島田一郎であった。島田は加賀藩の足軽として第一次長州征伐、戊辰戦争に参加。明治維新後も軍人として中尉にまで昇進していたが、西郷隆盛の征韓論に共鳴し、明治六年政変で西郷隆盛が下野《げや》したことに憤激《ふんげき》。石川県の不平士族のリーダー格とし

暗殺現場である紀尾井町清水谷の現在の写真。左側に見えるのはホテルニューオータニ

て、西南戦争に呼応し挙兵を試みるが間に合わず断念し、暗殺に切り替えたのだった。

事件後に自首し、同年七月二十七日、他の五人と共に謀殺罪により斬首刑に処せられている。

島田らが大久保暗殺時に持参していた斬奸状（陸九皐《くがきゆうこう》起草）は、「一郎等今天意を奉じ、民望に随い利刃を振って大久保利通を斃《たお》す」理由として、以下の五罪を挙げている。

①「公議を杜絶《とぜつ》し民権を抑圧し以て政事を私する」

②「法令漫施　請託公行　恣《ほしいまま》に威福を張る（法令をいたずらに出し、賄賂が横行し、威力や恩恵で人を隷従させている）」

③「不急の土木を興《おこ》し無用の修飾を事とし以

て国財を徒費する」

④「慷慨《こうがい》忠節の士を疎斥《そせき》し憂国敵愾《ゆうこくてきがい》の徒を嫌疑し以て内乱を醸成する」

⑤「外国交際の道を誤り以て国権を失墜する」

典型的な「有司専制」批判である。

大久保の構想力と不平士族

一方、大久保は暗殺された日の朝、山吉盛典《やまよしもりすけ》福島県令に自らの政治構想を「三十年計画」として語っているが、それは次のようなものであった。

維新の本旨貫徹《ほんしかんてつ》には三十年を期する。明治元年から十年までの第一期は兵事多く創業の時期である。十一年から二十年までの第二期が最も肝要の時期で、内治を整え民産を殖するはこの時にある。最後の十年は守成の時期で後進賢者の継承を待つ。自分は第二期に「職を尽さん事を決心せり」「深く慎を加え、将来継ぐべきの基を垂るるを要す」（日本史籍協会編『大久保利通文書』九、東京

大久保利通

大学出版会、一九六九年、一六九頁／瀧井《たきい》一博《かずひろ》『大久保利通――「知」を結ぶ指導者』新潮選書、二〇二二年、四三四頁、五一八頁)。この時期の明治政府を中心的に担った大久保の長期的視野が明確にうかがえる構想と言えよう。

また、斬奸状には賄賂が横行しているとあるが、大久保は必要な公共事業を私財で行なうなどしていたため莫大な借金があったと言われており、死の翌日に五〇〇〇円を下賜され、さらに金三万円を嫡子《ちやくし》利和に賜っているのはそのためと見られている(遠矢浩規《とおやひろき》『利通暗殺――紀尾井町事件の基礎的研究』行人社、一九八六年、一五六頁)。

これらは、大久保の政治家としての構想力・スケールの大きさと私生活における潔癖さをうかがわせるエピソードだが、佐賀の乱に始まり、神風連《しんぷうれん》の乱、秋月の乱、萩《はぎ》の乱、西南戦争と続く不平士族の反乱事件の敗北者たちの側に巨大な怨恨《えんこん》が溜まっており、それらが大久保に集中していたことも否定できないことであった。

したがって、大久保の死を聞いた鹿児島では、祝杯をあげ赤飯を炊《た》いた家が多いとも言われている。統計があるわけではないから真偽は定かではないが、西郷の銅像は上野(一八九八年)にも鹿児島(一九三七年)にも早く建ったのに、大久保像が鹿児島に建ったのは一九七九年と非常に遅かったのは事実である。

大衆に親しまれた暗殺者島田一郎

そして、事件の年（一八七八年）八月二十日の『読売新聞』には「谷中《やなか》の墓地にある島田一郎、長連豪などの墓へ香花を手向《たむ》け参詣する者が幾許《いくばく》もあるという」という記事が出た。暗殺の翌一八七九年（明治十二年）七月から十二月にかけて、戯作者の岡本起泉《きせん》により島田一郎を主人公にした小説（草双紙）『島田一郎梅雨《さみだれ》日記』が全五編一五冊で出版され大評判となった。のちに洋装一冊本になり、明治二十年代まで読み継がれたと言われている（現在は『明治文學全集2　明治開化期文學集（二）』〈筑摩書房、一九六七年〉に所収）。芸者との恋愛要素のフィクションを加えた島田一郎一代記である。島田は「成長にしたがい容貌殊《こと》に美しく（中略）読書武術を習わせしに（中略）其術速かに上達して其師も舌を巻いて賞する程なりし」（『明治文學全集2　明治開化期文學集（二）』六四頁）などとある。島田ら六人は西郷の「同志」とされ、友情や仇討《あだう》ち要素がある入り組んだストーリーとなっている。

島田一郎

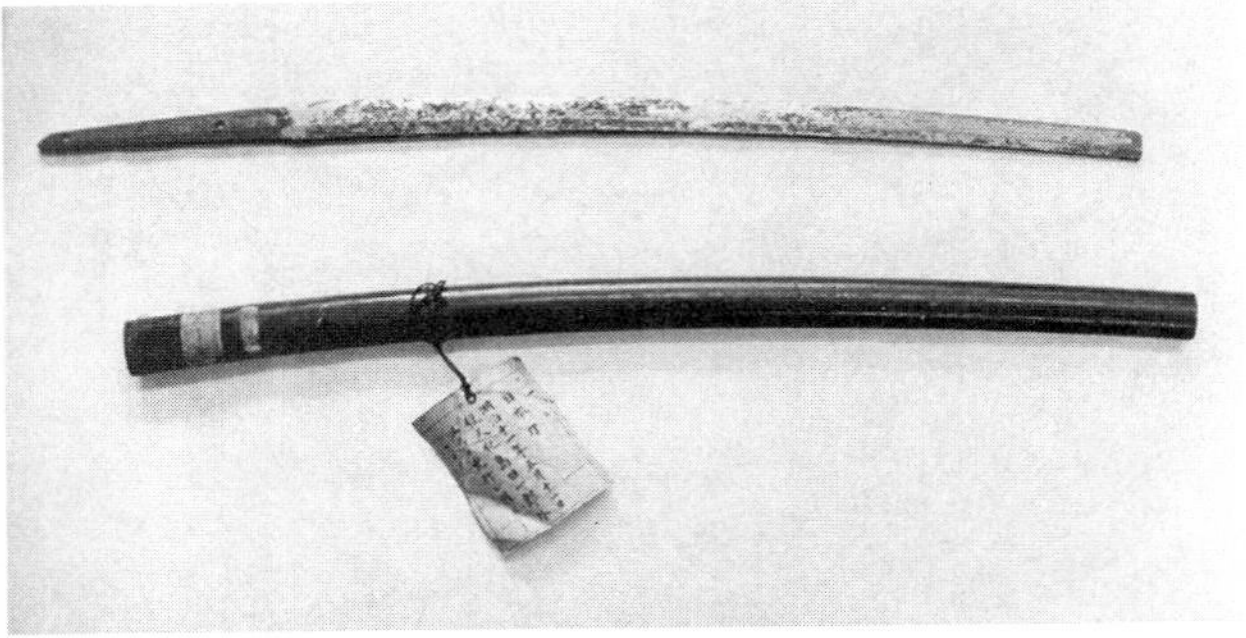

大久保利通暗殺に使用された刀

作者の岡本起泉は新聞の編集長などを経て「新聞記事に基づく戯作を〈明治期草双紙〉として出し続けた」人気作家であった（高木元「十九世紀の草双紙―明治期の草双紙をめぐって―」『文学』、二〇〇九年十一～十二月〈https://www.fumikura.net/indexs.html〉参照）。こうして近代日本の最初の暗殺犯は、人気小説の主人公として大衆レベルでかなりの程度親しまれる存在になったのだった。

さらに一九一七年、石川一区から立候補した憲政会の永井柳《りゅう》太《た》郎《ろう》は、金沢の前田侯爵墓所を詣でたのち、島田らの墓に参拝、薩長藩閥・有司専制打倒を唱え、島田らが藩閥の権勢に屈しなかったのは石川県人の誇りだとした。

これに対し、『北國新聞』は「永井氏に与うる公開状」を掲載、「刺客」を「讃美し、称揚」するのかと永井を攻撃した。石川出身の大家ジャーナリスト三宅雪嶺《せつれい》も登場、島田の暗殺リストには大隈重信も含まれており、早稲田出身で大隈を崇拝している永井に対して三宅は「墓参を取消すか、大隈侯に反対するか」どちらかにせよと迫った。

選挙結果は政友会の中橋徳五郎が二〇三票の僅差で勝利、永井は惜敗した。この頃は、地元の評価が必ずしも島田擁護《ようご》一辺倒ではなかったことがわかる。その後、永井は一九二〇年の選挙で無所属から立候補して当選、以後憲政会に入り連続八回当選を果たし、三度の大臣職に就《つ》く。

暗殺者、「憲政功労者」となる

一九二七年、東京・金沢で島田らの五十年祭が挙行された。東京・谷中霊園では頭山満《とうやまみつる》、永井柳太郎、伊藤痴遊《ちゆう》、阿部信行が参列。金沢では発起人が八一名、島田の遺族、遺児・太郎後備陸軍少佐、内田良平らが参列し、「事績を追慕」する明治志士敬賛会の設立、毎年の墓前祭・講演会開催が決められた。

翌一九二八年の五十一年墓前祭では、生き残りの同志・松田秀彦が愛刀を墓前に捧《ささ》げ、『北國新聞』も「明治の志士島田一良」と書いた。折から、この年、桂浜（高知市）に坂本龍馬像が建ち、子母澤寛《しもざわかん》の『新選組始末記』が刊行されるなど、明治維新六十年関連の行事が盛んに行なわれた年であった。

さらに一九七七年にも島田らを悼《いた》む二つの百年祭が挙行され、九八年には野田山墓地（金沢市）で島田のひ孫も参列し、百二十年祭が行なわれている（『北國新聞』一九九八年七月二十八日）。

一方、一九三七年、政治家・胎中楠右衛門《たいなかくすえもん》により、浅草本願寺に「憲政碑」が設立された。胎中は土佐出身で元自由党三多摩壮士。一八九三年、自由党・改進党約二〇〇名が神奈川県議会選挙のため高座《こうざ》郡で、ピストル（・日本刀）で武装して撃ち合った流血事件で名を馳《は》せた人物である。

胎中は政党内閣崩壊の翌一九三三年、憲政再建のため憲政碑を神奈川県海老名に設立したが、その後さらに浅草本願寺にも建立することとしたのである。これは第一回地方官会議（憲政・代議制が初めて具体化したものとされた）が、一八七五年（明治八年）に浅草本願寺で行なわれたことを以て、同寺を「わが国憲政発祥の霊地」と見なしたことに由来している。

碑文中、最初は「多年幾多《いくた》ノ政党政治家ガ　ヨク清節ヲ守リ国事ニ尽クシ　マタ無数ノ有志ガ財産ヲ傾ケ身命ヲ抛《なげう》ツテ憲政ニ貢献セルヲ憶ヘバ　国家ノ給与ニ衣食セルモノ之奉公トハ同日ノ談ニアラズ」とあったが、警視庁の圧力により「之奉公」は削られている。当時の政党人に軍人・官僚への不満が鬱積《うっせき》していたことがわかる。

一九三八年、二三七二名が憲政功労者として浅草本願寺の憲政碑に合祀《ごうし》されたことが発表されたが、そのなかに伊藤博文、大隈重信らとともに、島田一郎の名が刻まれていた（以上、遠矢、二〇三〜二一一頁／一坂、一九六〜二二三頁／広瀬順晧《よしひろ》監修・編集『憲政史編纂会旧蔵　政治談話速記録』第五巻〈城泉太郎日記　紅秋随筆談　胎中楠右衛門氏談話速記〉ゆまに書房、一九九八年、二八八頁／高橋勝浩「政党政治家胎中楠右衛門と二つの憲政碑　憲政功労者の慰霊と政党政治の再生への試み」『明治聖徳記念学会紀要』復刊第44号　明治聖徳記念学会、二〇〇七年、一二七頁を参照）。

浅草本願寺の憲政碑

当時は日中戦争中で軍人優位時代だったという背景もあるが、大久保利通暗殺者が「憲政功労者」として記憶されることになったのである。

こうして近代日本の最初の暗殺者は、まず出版メディアを通して大衆に親しまれ、政治的にも賞賛されることになったのだった。これはのちの時代に先がけるものとなる。

板垣退助岐阜遭難事件（一八八二年）

一八八二年（明治十五年）四月六日、板垣退助が岐阜で遊説《ゆうぜい》中に相原尚褧《あいはらなおぶみ》に襲われ負傷した事件である。

板垣を襲撃した犯人、相原尚褧は愛知県東海市横須賀の小学校教員であった。自由民権派に対抗していた『東京日日新聞』の主張に賛同し、そこから自由党に憎悪を深めていったと見られている。そこで、板垣の東海道遊説を知り殺害を決意、犯行に及んだというわけである。

相原の父・相原仙友は名古屋藩主・徳川慶勝《よしかつ》に副家知事（納戸役《なんどやく》）として仕えた（二〇〇石《こく》）。尾張徳川家は戊辰戦争では、藩内の佐幕派を粛清、官軍に属し東海道制圧に大きく貢献したにもかかわらず、維新後必ずしもそれに見合う評価を得られていなかったと言われている。

一八八二年四月六日午後六時半頃、東海道遊説中の板垣が岐阜県厚見郡富茂登村（現岐阜

「板垣君遭難之図」　歌川豊宣

市）の神道中教院の玄関の階段を下り帰途に就こうとしたとき、「将来の賊《ぞく》」と叫びながら相原が短刀で板垣を襲った。相原は左手で板垣の右腕を摑《つか》み右手で左胸を刺した。竹内流《たけのうちりゅう》小《こ》具《ぐ》足《そく》組討術《くみうちじゅつ》の心得のあった板垣は相原の腹部に肘《ひじ》で当身を行なったが、相原は今度は両手で胸を襲い、板垣は右胸と右手に負傷。先導役の自由党幹部内藤魯一《ろいち》が駆け寄り、相原を組み伏せた。

板垣自身は、当時の様子を下記のように著《あらわ》している。

「予《よ》（板垣―筒井）の人々に黙礼して二三歩を出づるや、忽《たちま》ち一壮漢あり『国賊』と呼びつつ右方の横合より躍り来って、短刀を閃かして予の胸を刺す。（中略）予、刺客を睥睨《へいげい》して曰く『板垣死すとも自由は死せず』と」（板垣退助「我国憲政ノ由来」国家学会編『明治憲政経済史論』国家学会、一九一九年、二三七～二三八頁）。

また、『自由党史（中）』には「板垣刺客を睥睨し、叫んで曰く『板垣死すとも自由は死せず』と。神警の一語、満腔の熱血と共に迸《ほとばし》り出で、千秋万古に亘《わた》りて凛冽《りんれつ》たり」（板垣退助監修、遠山茂樹・佐藤誠朗校訂『自由党史（中）』岩波文庫、一九五八年、一三六頁）とある。

著名なこの発言の真偽・対象・状況については、中元崇智《なかもとたかとし》『板垣退助――自由民権指導者の実像』（中公新書、二〇二〇年）の優れた研究に詳しい。発言自体を否定する議論もあったが、これに近いことが言われたことは事実と見て間違いないようだ。板垣は一八八〇年十一月の演説で「余（板垣）は死を以て自由を得るの一事を諸君に誓うべき也」と述べ、一八八一年九月には、「事の権利自由の伸縮に関することあるに遇《あ》う毎《ごと》には、亦《ま》た死を以て之を守り、之を張ることを勉めんのみ」と発言しており、従来から「自由」に命をかける決意と発言があったから、咄嗟《とっさ》の場であの言が出たという（中元、九五頁）。

政府刺客説

さて、板垣周辺には相原を斬殺しようと日本刀を持ち出した者がいたが、これは内藤が「我自由党は人に接するに刀を以てするの党に無之《これなく》粗暴の挙動ある可《べ》からず」と制止している（岐阜県御嵩《みたけ》警察署御用掛岡本都嶼吉「探偵上申書」『公文別録・板垣退助遭害一件・明治十五年・第一巻・明治十五年』）。

内藤らは第二の刺客を警戒しつつ、板垣を避難させ旅館に戻った。通報を受けた岐阜警察署員により相原は逮捕され、警察医が板垣を診察、傷は計七カ所であった。

「板垣刺さる」の報は全国の自由党員に大きな反響を巻き起こした。前年（一八八一年）、国会開設の勅諭が出て、伊藤博文らの憲法制定調査が始まり、政府は政治の主導権を握りつつあったが、それに対し自由党ら民権派は地域から反転攻勢をかけ始めた矢先だったからである。

したがって当初、板垣自身も同じ自由党の中心人物後藤象二郎《しょうじろう》も、犯人は政府の刺客と認識していた。当然、全国の自由党地方部からは多くの総代が岐阜に駆けつける。大阪からは中島信行ら六人が駆けつけ以後そこに留まったし、高知からは約四〇人が岐阜に来着した。来着した四十余人は「慷慨切歯《こうがいせっし》」し、さらに応援部隊一〇〇乃至《ないし》二〇〇人の到着が言われ、「上京」「刺客等放つならん」などという不穏な事態が予測されるほどであった。

板垣退助

また、「岐阜近隣の人民は（中略）余程憤慨せし者多かりき」、岐阜県山県郡では、板垣ほか二〇人余も殺されたという誤報が流れ、「仇を報じ潔く自由の犠牲になりて斃れん」と夜中に集会が開かれ、大挙して「押し出さんまで用意なしたり」という状況になったという。

東京の自由党本部には、地方遊説のため後藤象二郎ら三名しか役員がおらず、後藤は八日朝に岐阜に行くため旅装をして現れたが、傷はそれほど深くはないということで取りやめた。後藤が、直ちに岐阜へ向かう用意をし、「死屍《しし》を台上に横《よこた》え、以て板垣の為めに、弔演説を為さん。而《しか》して予も亦た斃る可くんば共に斃れん」と演説したと『自由党史（中）』（一四四頁）にあるのは事実ではない可能性が高いようだ。後藤は、それ以前から政府の伊藤博文らと板垣洋行計画に動いており、むしろ融和《ゆうわ》派であったからである。しかし、政府刺客説は根強く、事態は緊迫していた。

板垣人気が社会現象に

四月七日朝、政府首脳にも板垣遭難の連絡が入ったが、まず参議山県有朋《やまがたありとも》が岩倉具視に事態収拾方針を提示した。明確な資料はないが、侍従の差遣《さけん》と見られている。岩倉はこれを修正、侍従長・侍医の差遣、見舞金の下賜など最大限の厚遇を与えるという方針とした。

これは、勅使《ちょくし》差遣という意想外の奇策・「切り札」による自由民権運動の沈静化が目的と見られている。その背景には、一八七五年の大阪会議の際、参議就任を固辞した板垣に勅使を差遣して翻意《ほんい》させたという前例があった。

徳大寺実則《とくだいじさねつね》侍従長から、天皇に伺うと侍従の派遣でよいという方針が示されたので、西四辻公業《にしよつつじきみなり》侍従の差遣が決まり、見舞金は三〇〇円という破格の額となった。

明治天皇の勅使来訪との知らせが岐阜県令経由で伝えられると、板垣周辺の自由党員のなかには「政府党ものら」の「企てた策略」とする者がいて拒絶論が強かったが、板垣は「聖恩、臣退助に下る」と涙をこぼして感激したため、受け入れることになった。十二日、勅使西四辻侍従が到着し、菓子料三〇〇円を下賜した（なお、板垣の言を聞いた自由党員が「すごすごと、いなくなってしまった」という後藤新平の回想がある。これは、自由党員が板垣に冷めたと見るより、〝自由党員の認識不足を正した板垣の偉大さ〟を強調し、「君国を憶う一念に於《おい》ては、板垣また決して人後におちるものではない」「当時の上に立つ人々の間に、『君国を憶う』という一念が、共通していた」とすることによる後藤の保守層向きアピールと見たほうがよいように思われる〈公文豪《くもんごう》編『板垣退助伝記資料集（第五巻）』高知市立自由民権記念館、二〇二〇年、三八五～三八七頁〉）。

こうして、激昂《げきこう》していた自由党員らの緊迫かつ不穏な空気は「騒擾《そうじょう》等のことありては聖意に対し相済まず」という配慮から収まっていった。この点に関しては、政府側の一定の政治的勝利であった。板垣は『自由党の尊王論』で一君万民・立憲君主制論を説いており、フランス流急進自由主義ではなかった（中元、一〇二〜一〇三頁）。

しかしマクロに言えば、五月五日に井上毅《こわし》・小松原英太郎が伊藤博文に報告したように、板垣遭難事件が「非常の感情を世人の脳裏《のうり》に喚起し、自由党をして幾層之勢力を得せしめたる形情」となり、自由の徒が「期せずして板垣を推戴《すいたい》するの勢に至」った。すなわち板垣を軸に自由党が反転攻勢の勢いを見せ、自由党員の数が顕著に増加するなどの情勢を生んだことは間違いないと見られる（福井淳「板垣退助岐阜遭難事件に対する諸政治勢力の対応——自由党と明治天皇・政府とを主軸として」『書陵部紀要』第四九号、一九九八年、六五頁）。

四月十五日、傷が癒《い》えた板垣は、岐阜から大阪へと出発する。当時「板垣には見舞客や見舞状が殺到し、板垣の写真が売り切れ、写し損じのものまで売られるなど、板垣人気は一種の社会現象となった」（中元、一〇〇頁）。

濃飛《のうひ》自由党は「板垣君記念碑建設の広告」を出し、記念碑で板垣の名声と「自由の血痕《けつこん》」を永遠に伝えようとし、板垣についての多数の瓦版・錦絵・遭難記録・伝記・演説集が刊行され、講談・芝居で板垣の発言が広まり、板垣は偶像化され「自由の泰斗《たいと》」「民権の木鐸《ぼくたく》」として定着していった（中元、一〇二頁）。（以上、全体にわたり福井淳「板垣退助岐阜遭難事件に対する諸政治勢力の対応──自由党と明治天皇・政府とを主軸として」『書陵部紀要』第四九号、一九九八年、五二〜七〇頁を参照した）。

刺客相原尚褧への同情

岐阜事件後、相原の裁判が開かれた。板垣は「青年血気の（中略）誤解より此挙に出でたので、憂国の熱情は特に憐《あわ》れむべきものである」とし「告訴の意思のないのみならず、寧《むし》ろ之を放免せんことを請うた」が、一八八二年六月二十八日に相原は無期徒刑と決まり、北海道の獄に下った（宇田友猪《うだともい》『板垣退助君伝記　第二巻』原書房、二〇〇九年、八一七〜八一九頁）。

一八八九年（明治二十二年）『大日本帝国憲法』発布による恩赦に際しては、国事犯は多数恩赦に浴したが、相原尚褧は謀殺未遂犯であり国事犯ではないとされ、恩赦の対象外であった。これを知った板垣は明治天皇に「彼始より私怨《しえん》を臣に懐くに非ず」とする「刺客相原尚褧の特赦を乞《こ》う表文」を奉呈《ほうてい》した（宇田、八一七〜八一九頁。ただし、奉呈が「六月」となっているのは明白に間違いである。島崎猪十馬《いそま》編『旧各社事蹟』〈高知旧各社記念会、一九三八年、五三～五四頁〉には三月十三日付「赦免哀願書」とある。池田豊志智《とよしち》編『獄裏《ひとや》の夢――一名相原尚褧君実伝』〈金港堂、一八八九年〉では、黒田清隆首相による「放免」の日付は三月十二日である）。

こうして相原は三月二十九日、恩赦の対象となり釈放された。そして相原は、五月十一日、河野広中の紹介で板垣の元を訪れた。このときの様子についてはいくつかの書物に書かれているが、当時刊行された一般向き書物『獄裏の夢』では次のようにある。

「其時伯は君（相原―筒井）に向て『今回、恙《つつが》なく出獄せられ、退助に於ても恐悦に存じ参らす』との挨拶をしませり。君（相原）一拝して『（明治）十五年の事は、今日、更に何とも申す必要なし。只、其後生の為《た》めに幾度も特赦のことなど御心にかけられたる御厚意の段は幾重にも感謝し参らする』旨を述べられたり。（中略）

伯は『（中略）退助は今も昔も相異らず常に国家を以て念と成し、自ら国家の忠臣ぞと信じ居りしに、当時、足下は退助を以て社会の公敵と見做《みな》し刃を退助が腹に差挟《さしはさ》まれたるに、今は相互無事に出会すること人事の変遷も亦奇ならずや』と。『古より刺客の事は歴史上に屢々《しばしば》見ゆれども一旦手を下して刃を振いたる其人と刃を受けたる其人が旧時《きゅうじ》の事を忘れて再び一堂の上に相会し手を把《と》て談笑するなど、足下と退助との如きは千古多く其比を見ず。今日の会話は史家が筆して其中に入るるとも更に差支えなきことよ。併《しか》しながら若し此後退助が行事にして如何にも国家に不忠なりと思わるることあらば其時こう斬らるるとも刺さるるとも思うが儘《まま》に振舞いめされよ』と改めて申されたり。（中略）引続《ひきつづ》き種々の話ありたりしが（相原は『北海道開拓』に赴《おもむ》く意向を述べた—筒井）、君（相原）がもはや暇玉《いとまたま》わるべしといわれしとき、伯は起ちて『北地沍寒《ごかん》、辺土惨烈　国の為めに自愛めされよ。退助は足下の福運を祈り奉る』と申されたりと。嗚呼、積年の旧怨《きゅうえん》一朝にして氷解せり。英雄胸中の磊落《らいらく》なる実に斯《か》くこそあるべけれ」（池田、一〇〇〜一〇三頁。句読点などを適宜補った。このときの会話内容については書物により細かい点で相違する点があり、また一般向き書物では誇張もありうるが、同席者〈八木原繁祉《しげと》〉もいたのでおおむね事実と見て間違いない。そして、このような話が広まったこと自体が重要なのである）。

しかし相原は、「殖民開拓」のため北海道へ渡る途上、遠州灘《なだ》付近で船上から失踪した。享年《きょうねん》三十六。

こうして相原は亡くなったが、それでは板垣の名声のみが残ることになったかというとそうでもなかった。

相原を讃《たた》える声もあったのである。それは、彼が暗殺に際し「大声を揚《あ》げて敵の正面に向かいつつ『国賊』と叫んだ」ことに着目するのが一例である。このため板垣に「用意を与え十分防がしめた」「一命を擲《なげう》ちて暗殺を企てたる相原はどこかに豪《えら》い所がある」というわけである。ものも言わず瞬時に斬りつければ、板垣は助からなかったであろう。そこに、相原には「志士」らしい「魂の据わった」ところがあると主張されるのである（岩田徳義『板垣伯岐阜遭難録』対山書院、一九〇八年、一六二〜一六三頁）。

相原は両親宛ての遺書を書いており、「小子義勤王の志止み難くして国賊板垣退助を斃す」で始まり、「不孝の罪、実に謝するに辞なし」とあった（宇田、七八七頁）。

その最期も謎めいており、現代の小説家の板垣伝でも「彼には出獄してからずっと私服の尾行がついていて、船にも乗っていた。板垣暗殺の黒幕はこのことが退助にばれるのを恐れていたのだといわれた」（榛葉英治《しんばえいじ》『板垣退助――自由民権の夢と敗北』新潮社、一九八八年、九六頁）と書かれている。根拠もなく当時から「いわれた」説にすぎないが、現代に至るまで暗殺者に同情的な傾向が存在していることがうかがえるであろう。

板垣退助暗殺未遂事件の性格は、大久保を暗殺するに至った紀尾井坂の変と比較すると鮮明となるだろう。大久保は明治政府の要人で「有司専制」のシンボルと見られていた。それに対し、板垣は反政府グループのリーダー的存在であり、事件はそれを一層強化した。

そしてあの有名な一言で、板垣はその生命を以て自らを自由という普遍的価値の体現者であることを証《あか》した形になったのだった。

そのうえ、寛容で武士らしい後日談も加わり、襲われたほうが逆に大衆に好まれる歴史的ヒーローとなったのだった。

ただし、この暗殺未遂事件では、襲われた板垣が生き延び、若いナショナルなテロリスト相原のほうが早くに亡くなったため、相原への同情感も残り続けることになるのである（洋行問題など、多くの問題に逢着《ほうちゃく》する以後の板垣の政治的軌跡については、中元参照）。

森有礼暗殺事件（一八八九年）

一八八九年（明治二十二年）二月十一日大日本帝国憲法発布式典の日、それに参加するため森有礼《もりありのり》文部大臣が官邸を出たところで、山口県の青年西野文太郎《ぶんたろう》に出刃包丁で脇腹を刺され、翌日午前五時に死去した。四十三歳であった。暗殺が巧《たく》みに成功したのは、西野が「大臣を要撃 奉《たてまつ》らんと企つる徒あり」と言って接近し森を襲ったためと見られている。巧妙な作戦であった。

では暗殺の原因は何であったか。当時、森有礼文部大臣をめぐり「伊勢神宮不敬事件」という問題があった。一八八七年十一月二十八日、森有礼文部大臣は伊勢神宮を参拝。このときは何も問題がなかったが、まず一八八八年八月一日、『東京電報』が、風教《ふうきよう》に関係ある大臣が神宮参拝の際、内庭に入り玉簾《たますだれ》をステッキでからげたという報道をした。続いて、雑誌『日本人』が九月中旬に「風教に関係ある大臣」が「不敬の挙動を為《な》せり」という風説が人心を大きく動揺させているが、この風説の所以《ゆえん》を政府は手を尽くして捜索せよ、という記事を載せた。

さらに、十月六日の『政論』には、「外国崇拝の政事家」が土足で禁制の場所に入り、止める神官に「文明の足に」「野蛮ものの言うことよ」と冷笑したという記事が出た。

こうして内容がエスカレートしていったところに、八九年になると皇室の行事の際に貴顕《きけん》のなかに「一大欠伸《あくび》」をした人物がいたという報道もあった。明らかに森文相に対する攻撃が連続して行なわれたのである。

さらにこの年、大学の授業料値上げが発表され、森文相・文部省は顰蹙《ひんしゆく》を買った。そのうえ、大学寄宿舎《きしゆくしや》で火事が起き学生の死者が出たなかで森は大学で演説し、期待された値上げの説明もなく、火事の責任を学校側に帰するような発言をし「満場騒然皆憤激《ふんげき》の色」（『朝日新聞』一八八九年二月十日）という出来事も起きていたのだった。そこに起きた暗殺事件だった。

だから当初、新聞は大学問題を理由とする報道が多かった。しかし、西野の所持していた斬奸趣意書に、「伊勢大廟《たいびょう》は万世一系……然《しか》るに文部大臣森有礼之に参詣し……無礼亡状」（坂井邦夫『明治暗殺史――新聞を中心として』啓松堂、一九三三年、一八二頁）などと記載されており、それが伝わるにつれ「伊勢神宮不敬事件」問題が焦点化していったのだった。

森は、これらの出来事以前に英語国語論を唱えたり、契約結婚をするなどして急進的欧化主義者と見られていたところに（ゆえに？）こうした事態が連続し、暗殺事件が起きたのである。「伊勢神宮不敬事件」が真実か否《いな》かは必然的に一大焦点となった。

森有礼（右）と西野文太郎

死後、森家は随行員や石井邦猷《くにみち》三重県令（知事）に、伊勢参詣時に犯人の主張したような事実はなかったと証明させている。また、一八八九年二月十九日付の『伊勢新聞』は伊勢市山田の通信員の「目撃」談を載せているが、ステッキで門扉の帳《とばり》を高く掲《かか》げたので禰宜《ねぎ》が皇族以外は内部に入ることは禁じられていると告げたところ、その場で参拝を遂《と》げ帰路についたとある。

しかし、この門扉は外宮《げくう》第四の門で、参詣人が賽銭《さいせん》を投げ、最下級の神官が守るところで、それほど重んじるべき場所ではなく、これまでにも勅任官が入ったことがあり、不案内の人には神殿の構造がわかりにくいだろう、という続報が出ている（『東京日日新聞』一八八九年三月八日）。ほぼ誤解に近いことがわかる。

犯人西野は仕込み杖に斬らる

犯人の西野文太郎はどういう人物か。西野は毛利敬親《たかちか》に仕えた長州藩士西野義一の長男として、山口県萩《はぎ》に生まれている。山口黒城塾を経て山口中学校（現・山口県立山口高等学校）に入学したのち、山口県庁収税課に勤務。一八八七年（明治二十年）上京、私塾東京速成学館で幹事をした。しかし翌年、内務省土木局に勤め、さらにのち徳島の第五区土木監督署勤務となった。

一八八九年一月、内務省本局に出勤の命を受け、郷里にいったん帰ったのち、伊勢に寄って「聞きしに相違無之《これなく》」(遺書、坂井『明治暗殺史』一九〇頁)と森の行為を確認したとしたうえで上京、犯行に及んだ。

森は翌日死亡したが、西野は暗殺直後に森の周囲の者に仕込み杖により斬られて死亡している。二十三歳。

この西野殺害の事実経緯については、最初犯人は文部省秘書官中川元《はじめ》と発表されたものが、のちになぜか下級官吏の座田重秀と変わっている。後ろから斬られているので故殺説もあり、裁判になっている。結局無罪となっているが、本当の殺害者は高官中川ではないかという疑念は残り続けている(中川浩一「西野文太郎殺害事件始末――森有礼刺傷とのかかわりにたって」『茨城大学教育学部紀要 人文・社会科学』二七号、一九七八年、二九〜三五頁)。

民間信仰の対象に

森の追悼行事は全国的に教育関係者により行なわれているが、三月十五日の『土曜新聞』に森の墓の囲いの生け垣を破却する者が出たという記事が掲載されている。二月二十五日付の『東京日日新聞』を見ると、西野の神葬式の葬儀には無名で香典《こうでん》を贈る者や、葬送の際に霊前で祭文を読む者などがいたことがわかり、西野と面識のあった三浦観樹（梧楼《ごろう》）は香典を送っている。東京の西野の妹宅には投げ銭まであったという。

そして、西野を追悼する動きは二月下旬から全国各地に広がっていく。最も早いのが故郷の山口県人の動きで、西野のために一大法要を営む計画が報道され、墓碑建設や西野が友人たちと住んでいた寮への義捐金《ぎえんきん》供与、父への県出身者官民有志の弔慰金《ちょういきん》一〇〇円あまりの送付などがまず行なわれた。

さらに、大阪、京都、福井、伊勢山田、高知など全国で慰霊祭・弔慰金募集応募が企図・実行され、大阪では自由民権家が行ない、警察により禁止されたところもある。

当時日本にいたアメリカの天文学者パーシヴァル・ローウェルは、日本のマスメディアが西野を讃えることを批判している（涌井隆「パーシヴァル・ローウェルは日本人と火星人をどう見たか」『国際シンポジウム「異文化としての日本」記念論文集』二〇〇九年三月一日、五五頁）。

西野の経歴や逸事を調べてまとめた物を販売し、その代金を西野の将来の祭祀料にしようと計画した者がいたことが前記新聞記事にあるが、西野の伝記は六冊も出されている。うち五冊は発売頒布《はんぷ》禁止・発売停止となっているが、岡田常三郎編『刺客西野文太郎の伝』（書籍行商社、一八八九年）のみが禁止とならず刊行されている。「憲法で出版の自由を可及的に広く約束した後に、政府はすぐその翌月、五種を下らぬ帝都の新聞紙に一時発行停止を命ずるの余儀なき有様に立到っている。それは、これらの新聞紙が森文相の暗殺者そのものを讃美したからである。（中略）西野の墓では、霊場参りさながらの光景が現出している！（中略）よくない現象だ。要するに、この国はまだ議会制度の時機に達していないことを示している。国民自身が法律を制定すべきこの時に当たり、かれらは暗殺者を賛美するのだ」（トク・ベルツ編、菅沼竜太郎訳『ベルツの日記（上）』岩波文庫、一九七九年、明治二十二年三月十九日、一四一頁）。

浅草田町の寄席吉岡亭では松林右圓《しょうりんうえん》が西野の履歴を講談にし大入りであった。もっとも、結局差し止めになってはいるが、こうした礼賛は明治後期には次の事態を生んだ。

「（十四）▲西野文太郎（勝負事）

鼠《ねずみ》小僧の墓に願を懸けて利益のない欲張連は必ず谷中墓地内の西野文太郎の墓へ押かける、願を懸けるものは矢張墓石を打欠いて持帰り、首尾よくかなった時は御礼として線香か花を供える事になっている、鼠小僧の墓が欠賃を取られるに引換え、これはまた只《ただ》というので一時は非常に繁昌《はんじょう》したものだが、何をいうにも場所の悪いために昨今は漸《ようや》く参詣も稀《まれ》になって、時に線香の烟《けむり》の絶ることもあるそうだ」（「東京の迷信」一〇〇回連載『東京朝日新聞』一九〇七年〈明治四十年〉十一月十七日）。

西野の墓石が願掛けの対象になったのであり、詩人の高村光太郎は子どもの頃の思い出として、西野の墓を砕いて持つと宝くじによく当たったと回想している（一坂、二二七頁）。暗殺者西野は民間信仰の対象にまでなったのである。

（全体にわたり、田中智子「森有礼『不敬』・暗殺事件顛末――虚実の報道を通して」高木博志編『近代天皇制と社会』思文閣出版、二〇一八年を参考にした。）

大隈重信爆弾遭難事件（一八八九年）

一八八九年（明治二十二年）十月十八日、玄洋社の来島恒喜《くるしまつねき》が外国人司法官任用を阻止するため、外務大臣として交渉を推進していた大隈重信に対し、爆弾による暗殺を謀《はか》り、大隈が右脚を失い、来島が現場で自刃《じじん》した事件を言う。

外国人司法官任用問題とは、幕末に欧米列強との間で結ばれた不平等条約改正交渉に際し、日本国内に在留する外国人の犯罪に対し外国人をも裁判官に任用する、という大隈外相の方針をめぐり国論を二分して対立が起きたことをいう。背後には大隈と薩摩閥が組んで長州閥を追う陰謀があるとも言われたものである。

この事件の犯人の来島恒喜は、のちに「明治的暗殺」の典型的人物と見なされることになるので、やや詳しく見ておくことにしたい。

来島恒喜を培った福岡の風土

来島は一八六〇年一月三十一日（安政六年十二月三十日）、福岡藩士・来島又右衛門の二男として生まれた。来島は、男装の女傑《じょけつ》と言われた高場乱《おさむ》の興志塾に入門。高場は、亀井暘洲《ようしゅう》（福岡の儒学者亀井南冥《なんめい》の孫）の門に入り漢学を修めた人で、興志塾にはのちに玄洋社に加盟する頭山満、進藤喜平太、平岡浩太郎、月成功太郎らも加わっていた。来島は高場の『三国志』『史記』『靖献遺言《せいけんいげん》』などの講義によって、「志士」のあり方を徹底して学んだと言われる。屈原《くつげん》に始まる中

大隈重信

国の志士的人物の生き方を説いた浅見絅斎《けいさい》の『靖献遺言』は、宝暦事件（一七五八年）の竹内式部《たけのうちしきぶ》に影響を与えた書物で、吉田松陰ら幕末維新の志士によく読まれた書物としても知られていた。

「彼が慷慨義《こうがいぎ》を好み、忠勇君に尽すの精神、私を忘れて公に奉じ、身を捨てゝ国に殉《じゅん》ずるの気象、蓋《けだ》し高場塾の感化に負う所少なからざるもののあるを認めざる可からず」（岡保三郎編『来島恒喜』重遠社、一九八〇年、三一頁。高場については、玄洋社社史編纂会編『玄洋社社史新活字復刻版』書肆心水、二〇一六年、一一三～一一八頁／半田隆夫「福岡藩 高場乱――男として生きた気宇壮大の教育者」『歴史読本44（11）』〈一九九九年、一九四～一九九頁〉参照）。

板垣退助が立志社をつくると、福岡にも矯志社、強忍社、堅志社が組織され、来島は箱田《はこだ》六輔《ろくすけ》が組織した堅志社に加わった。ほかにメンバーとして来島の事件を見届けることになる月成功太郎がいた。

三社の結びつきは強く、一八七六年に堅志社は萩の乱に呼応しようとして、箱田が拘束され、結局三社とも解散に追い込まれている。翌年、西南戦争が起きると、矯志社、強忍社の中心メンバー武部小四郎《たけべこしろう》、越智彦四郎《おちひこしろう》は約五〇〇名を率いて挙兵したが、政府軍に鎮圧され処刑される（福岡の変）。

来島恒喜

その後、来島は副島種臣《そえじまたねおみ》に師事するようになり、副島は来島を山岡鉄舟に紹介した。鉄舟は、来島を自らの全生庵《ぜんしょうあん》に招き、来島は、鉄舟のもとで読書や参禅に励んだという。こうして来島は、「眉目清秀《びもくせいしゅう》、白皙精悍《はくせきせいかん》、眼光人を射る。性、沈黙にして寡言《かげん》、恭謙《きょうけん》にして沈《ちん》毅《き》、奪う可からざる大節あり。郷党の先輩、皆之《これ》を推重し、深く望を彼の将来に属したり」と書かれるような存在となった（『来島恒喜』二六九頁）。

一方、一八八一年、福岡には頭山満、進藤喜平太、平岡浩太郎、月成功太郎らにより、玄洋社ができる。来島は一八八四年、甲申《こうしん》事変に敗れ亡命してきた朝鮮開化派のリーダー金玉均らの支援活動を始めた。来島は、的野半介ら玄洋社の同志たちと東京・芝弁天のなかに拠点を置き、大和の樽井藤吉《たるいとうきち》ら全国の同志らと金玉均らとの提携を模索したのである。こうしたなか、大井憲太郎らの日韓共同挙兵の試みは大阪事件（一八八五年）で挫折する。

来島も的野ら同志と朝鮮で事を起こそうとして、上京した頭山から、大井をいさめたが言うことを聞かない、政府警察の警戒は厳重なので「或いは破れん」「宜しく自重すべし」と説かれて「軽挙の非を悟り」自重したという（『玄洋社社史』一六七〜一六九頁）。

一八八六年、来島は的野半介、竹下篤次郎らの玄洋社員とともに、小笠原諸島で開拓事業に取り組んでいたが、そこに金玉均が送られてきたので、金への支援を続ける。金が小笠原を去ったあとも、来島には金・朝鮮支援の念は強く、大隈暗殺のとき、その仕事ができないことを悔やんだと言われている。

条約改正交渉で暗殺を決意

一八八八年二月、外務大臣に大隈重信が就任。条約改正交渉を国際会議方式ではなく、国別交渉方式で進めることとし、十一月にメキシコと修好通商条約締結、翌年アメリカ・ドイツなどとの交渉を進めていった。しかし、秘密にされていた交渉の要旨が『ロンドン・タイムズ』紙に載り、それが国内で報道されたため激しい反対論が巻き起こった。外国人被告事件で大審院に外国人裁判官を任用することを定めていたからである。

玄洋社は黒田清隆内閣に直接訴えることとし、頭山満は松方正義大蔵大臣に「条約改正を中止するにあるのみ」「予は今一個の頭山に在らず、忠良なる日本国民を代表せる頭山なり、願くは閣下の確乎たる決心を聞かんと」と詰め寄り、松方は「余は誓って貴下の言に背かざらんことを期し」と語り、閣議で中止意見を述べたというが、内閣全体の具体的前進はなかった（『玄洋社社史』二二〇〜二二二頁）。

一八八九年八月十五日、条約改正反対派は非条約改正委員会を開催、反対派の一致団結が説かれ、大同倶楽部、大同協和会、玄洋社、『日本』『東京朝日』『日本人』などの団体・報道機関が集結し反対運動の展開を決議したが、やはり大隈に妥協の気配はなかった（『玄洋社社史』二二一頁）。

来島はこの時点で暗殺決行と決めたらしく、玄洋社を脱し、八月二十二日に一人上京した。月成功太郎も来島と行動をともにするつもりで九月に上京したが、来島は、妻子・老母のある月成を案じ、後事を託した（『来島恒喜』二二五〜二二六頁）。

来島は、大隈の動静を詳細に調べ上げたが、警戒が極めて厳重なので、爆弾を使用するしかないと決め、加波山《かばさん》事件・大阪事件関係者しか入手の方法はないと思案し、頭山満に依頼、大井憲太郎を通して爆弾を入手した（『玄洋社社史』二三二〜二三三頁）。

爆弾を調達する手はずが整ったとき、来島は「今度は非常なお世話になりました。之れさえあれば私がキット日本を救います。又た何なることがありましても同志の人々へは毛頭ご迷惑を掛けませんから御安心して御覧を願います」と語ったので、居合わせた茨城の自由民権運動家小久保喜七はこのときのことを振り返り、「私は嗚呼真の豪傑、真の国士と云うものはこう云うものだなと感嘆した」という（小久保喜七談「来島恒喜君五十年忌辰法要追懐談」広瀬順晧監修・編集『憲政史編纂会旧蔵　政治談話速記録　第四巻　小久保喜七氏談話速記　来島恒喜君五十年忌辰法要追懐談』ゆまに書房、一九九八年、二四七頁）。

綿密な準備に基づく犯行

一八八九年十月十八日午後二時、来島はモーニングコートを着て、用意していた爆弾を洋傘のなかに収め、月成とともに宿を出た。まず桜田門外の変の水戸浪士参集の場所愛宕《あたご》山勝軍地蔵に詣でる。愛宕山を去ってから、来島は月成に「男児一たび死を決すれば、胸襟落々、一塵《いちじん》を留めざるが如く、快之《これ》に過ぐる無し」「今日は吾人の目的を達するの日なり」と語った（『来島恒喜』二二九頁）。

午後四時過ぎ、閣議が終わり外務省に帰る大隈を乗せた二頭立ての馬車が外務省表門に近づくと、来島は爆弾を取り出し、馬車に駆け寄り、左側から爆弾を投げつけた。爆弾は、門柱に当たって炸裂《さくれつ》、煙のなかで大隈は倒れた。音を聞いて駆けつけた警察官は、落ち着いた様子の来島が犯人とは思わず、「大臣の安否如何《いかん》、しかして犯人は何方に逃走せしか」と聞いた。来島は「大臣は無事なり、犯人は虎の門方面に走れり」と答えたので、警察官は虎ノ門のほうに向かった。

来島はその直後、宮城に向かって遥拝した後おもむろに短刀を取り出し、後頸部から右方向に刀を引き回し、前頸部にいたる首の半分を裁断し、自決を遂げた。享年二十九。月成は、「鮮血滾々《こんこん》として流出するの状を目撃したりし時、予は凄愴《せいそう》悲痛の感に打たれ、全身の血一時に冷却し去りたるの思いありき」という（『玄洋社社史』二三九～二四〇頁）。

警視庁は、東京では月成功太郎ら三〇名以上を検束。月成ら九名は半年間勾留されたが、翌年四月二十八日に九名とも無罪放免となった。条約改正反対の大会参加のために大阪に滞在していた頭山満も検束尋問されたが、放免された。福岡では、平岡浩太郎、杉山茂丸《しげまる》らが捕まったが、全員無罪であった。来島が事件前に玄洋社を脱退、周囲に迷惑をかけないよう綿密に準備しておいたからである。

大隈は顔と手に軽傷、右膝などに重傷、右脚を切断した（エルヴィン・フォン・ベルツの執刀）。条約交渉に反発していた閣僚らは、黒田清隆首相に条約改正交渉の中止を求め、黒田内閣は総辞職。条約改正は頓挫《とんざ》した。

来島を称賛した大隈重信

十一月一日に福岡・十里松原（現福岡市博多区）の崇福寺《そうふくじ》で営まれた来島の葬儀には、五千余名が参列、「葬列一里に亘り、稀有《けう》」であった（黒龍会編『東亜先覚志士記伝 下』原書房、一九六六年、四三三頁／『来島恒喜』二六二〜二六八頁）。このとき、頭山満が弔辞《ちょうじ》において「天下の諤々《がくがく》は君が一撃に若かず」と述べたことは著名である。

被爆した大隈は「爆裂弾位は屁とも思っておらぬ」と言って、来島と爆弾事件について次のように語っている。

「我輩に爆裂弾を放りつけたものを（中略）憎い奴とは寸毫《すんごう》も思わない。（中略）メソメソ女のために泣いて、華厳の滝へ飛び込む弱虫よりは、よっぽどエライ者と思うておる。苟《いやしく》も外務大臣なりし我輩に、爆裂弾を喰《くら》わして、当時の輿論《よろん》を覆《くつがえ》さんとするその勇気は、蛮勇《ばんゆう》でもなんでも我輩はその勇気に感服するのである。（中略）

暗殺者如何《いか》に勇猛といえども（中略）我輩の脳の中枢が破壊せられざる限りは、足の一本や二本位《ぐら》いは、あっても無くても大した事はない。

唯にこの際感じたのは、実に人の運命と云《い》うものは一瞬間に定まるという事である。

(中略)なんらの波瀾なく(中略)老成と云う事は、一国一社会をして、その元気を阻喪《そそう》せしむる大害物であるから、(中略)時折爆裂弾の音ぐらいさせて、まさに眠らんとする国民を驚かすもよい。

(中略)若い者はコセコセせず、天下を丸呑みにするほどの元気が無ければ駄目じゃ」(早稲田大学編『大隈重信自叙伝』岩波文庫、二〇一八年、三九二〜三九六頁)と語った。

また一九〇六年、東京築地本願寺で平岡浩太郎追弔会があったとき、大隈は弔壇で次のように語った。「元来人を殺す奴は臆病者である。人を殺して自分も死ぬという様な勇者は少ない。(中略)現場で生命を捨てたのは、日本男児の覚悟として実に天晴《あつぱれ》な最後である。目的を達して現場で死ぬ……何と武士として美わしい覚悟ではないか。来島の最後は、彼《か》の赤穂《あこう》義士の最後よりも秀れている。赤穂義士が不倶戴天《ふぐたいてん》の仇《あだ》たる吉良《きら》の首級《しるし》を挙げると直に、何故吉良邸で割腹しなかったか。首を提《さ》げて泉岳寺《せんがくじ》へ引き揚げたのは、武士の原則からいうと間違った話だ。すなわちその動機においては、赤穂義士と来島とは、天地《てんち》霄壌《しょうじょう》の差はあれ、その結果においては来島の方が天晴である。

大久保をたおした島田一郎の如き非凡の豪傑であったそうだが、現場で腹を掻《か》き切らないで、縲絏《るいせつ》の恥辱《ちじょく》を受け、刑場の露《つゆ》と消えたのは、真の武士道に背馳《はいち》した見苦しい最後である。（中略）我が輩は彼のために片脚を奪われたが、しかし彼は実に心持の可い面白い奴と思っている」（『玄洋社社史』四二〇～四二一頁。大隈の赤穂義士批判などは『葉隠』を参考にしたものと思われる）。

大隈は来島の葬儀に「国士に対するの礼なり」として部下を送り会葬させ、一周忌まで命日ごとに人を派して墓前に香華《こうげ》を供した（『玄洋社社史』四二〇頁）。そして、その後も毎年法要に代理人を送り、大隈の没後も、養嗣子の大隈信常《のぶつね》によって代理人の派遣は続けられた。

来島の墓碑を寄贈した広田徳平は広田弘毅《こうき》の父で、弘毅の妻は「同志」月成功太郎の娘である。

「明治的国士」の典型

明治の暗殺史について興味ある考察をなした小泉輝三朗は、大隈重信爆弾遭難事件について次のように述べている。

「星亨《とおる》と大隈外務大臣との場合は（中略）国家の為に暗殺するという趣旨がハッキリしていた点で、最も暗殺した方に多くの同情が集まった」「暗殺は必ず公憤を動機とする性質からいって、暗殺者が身体を張って、其の責任を取ってこそ暗殺である」「下手人の名乗りもせず逃げ隠れをしたり、暗殺の理由を明かにしなかったりではその意義はない。暗殺者がその場で自決するのは、責任を取ることを明示するものだが、事例としては少い。この大隈外務大臣の場合と、大正十年にあった安田善次郎殺しの朝日平吾とだけである」「暗殺は個人の利害愛憎に出発しない筈《はず》であるから、暗殺者には礼儀があるべきである。（中略）星亨を殺した伊庭想太郎《いばそうたろう》は、紋付仙台平《せんだいひら》の袴《はかま》という正装をして之に臨み、大隈外務大臣を襲撃するに当って、来島恒喜は特に新調のモーニング山高帽という礼装を選んだ。いろいろの点からこの事件は暗殺史上の出色という事が出来る」（小泉輝三朗『明治犯罪史正談』批評社、一九九七年、四二～四三頁）。

「正装」には怪しまれないようにするという意図もあったと思われるから、「礼儀」ということばかりではないだろう。しかし、それにしても「出色」というのはいくら何でも正面から褒《ほ》めるわけにはいかないから出てきた言葉であろうが、ある種の「賞賛」がこの暗殺に残ったことは間違いない。

事件後、福岡の力士社会の相撲甚句《すもうじんく》が以下のように広まった（内容からするとむしろ花柳《かりゅう》界《かい》で広まったのではないかと思われる）。

「いかい（大勢―筒井）書生のある中で、私が好きの来島さん、三千九百万人の、頭にかかる難儀をば、唯身一つに引受けて、ぽんと投げ出す爆裂弾、直ぐさま自殺の勇ましさ、人間一度は死ぬものぞ、同じ死ぬなら国のため」（『来島恒喜』二七四頁、適宜句読点・字句を補正した）。

暗殺対象の大隈は右脚切断という被害にあったが死なず、暗殺者の来島のほうがその場で武士の古法に則った形で自決した。しかし、大隈は生き残ったが、外務大臣として条約改正という政治目的を達成できず内閣は総辞職した。それに対し、死んだ来島のほうがその政治目的を達したのだった。

さらに大隈はいつまでも来島への法要を欠かさず、暗殺者を褒めたたえ政治家として寛容さとスケールの大きさを示し、それが二度にわたる組閣に見られる「大隈人気」の一源泉ともなったと見られる（柴四朗は、大隈が条約案を強行締結していれば「未来永劫」「逆賊視せらるるに相違なく、彼が政治的運命は最後」だった、爆弾が大隈の政治生命を救ったと頭山と話したという〈『玄洋社社史』二五七頁〉）。

そして俗謡にあるとおり、来島は「明治的国士」の典型として郷土を軸に大衆的人気を維持し続けた。こうして、この暗殺は武士的ムードに満ちあふれ、明治人に好まれる「明治的暗殺」の典型となったのだった。

星亨暗殺事件（一九〇一年）

一九〇一年（明治三十四年）六月二十一日、東京市会議長星亨が東京市庁参事会議事室内で市長らと懇談中、四谷区学務委員で心形刀流《しんぎようとうりゆう》十代目の伊庭想太郎によって刺殺された事件。

刺殺の様子について『東京朝日新聞』は「彼（伊庭）は突然星氏の背後に廻《まわ》ると見る間に、予《か》ねて隠し置きたる短刀を取り出し氏の右肋部より肺を貫きて刺し徹し、尚数刀を加えた」と伝える（『東京朝日新聞』一九〇一年六月二十二日）。「伊庭は元来手練《てだ》れの老剣客なれば、其働きは眼にも留まらざるに、不意を襲われたる星氏は之を防がん暇もなく」（『時事新報』一九〇一年六月二十二日）という有様で、星は伊庭の早業で瞬時に刺し殺されたのであった。

星は左官の息子に生まれ、苦学して幕府開成所に入所、のちに陸奥宗光に見いだされ、英国留学を経て、弁護士となる。自由党に入党、福島事件の弁護人をするなどしたのち、政界に立候補。衆議院議長・逓信《ていしん》大臣などを歴任したが、政治手法の強引さから「おしとおる」とも言われ、政治資金をめぐる疑惑が絶えなかった。ただ真実はわからないままである。当時五十一歳。

星の優れた伝記の著者有泉貞夫《ありいずみさだお》は、自由民権運動の闘士たちが、憲法制定・議会開設という政党政治の制度化のなかで困惑していたとき、運動から組織へという困難な課題をリードできたのが星の優れた手腕であったと指摘している。攻撃に強く組織化・制度化に弱い人の多い政党政治家のなかでは珍しい逸材であった（有泉貞夫『星亨』朝日新聞社、一九八三年）。

支持の多い「危険な」暗殺事件

犯人伊庭想太郎は、心形刀流伊庭軍兵衛（幕府指南役、五〇〇石）の二男であった。心形刀流十代目を継ぐとともに、四谷区会議員、四谷区学務委員、徳川育英会幹事であった。東京市教育会発起人となったが星が会長に推薦されたので脱会、さらに同会で星が儒教倫理を攻撃したので痛憤していた。

想太郎は旧幕臣ゆえ「江戸の士風」を愛し、「江戸」の二文字は頭を去らず、何事もこの二文字から割り出しているのに、星の行為はこの「江戸主義」に反し、「江戸の士風を改むるには、之を除くに若かずと思料」（田中時彦「星亨暗殺事件―政党利権をめぐる新旧道徳観の

星亨（右）と伊庭想太郎

対立―」我妻栄他編『日本政治裁判史録　明治・後』第一法規出版、一九六九年、三四二頁）。斬奸状には「天下のために奸賊《かんぞく》を殺す」「我が家数代武道を以て江戸市民の師」とあった。

自由主義経済学者田口卯吉《うきち》は「生命を賭《と》して世の腐敗に当りたること」「挙動非なりと雖《いえど》も」「士気の凛冽《りんれつ》なるものあるを感ず」「必ずしも世に裨益なしとすべからざるべし」とし（鼎軒田口卯吉全集刊行会編『鼎軒田口卯吉全集』第八巻、大島秀雄、一九二九年、二五六頁）、伊庭と面識のあった中江兆民は「いやしくも社会の制裁力微弱なる時代にありては、悪を懲《こ》らし禍《わざわい》を塞《ふさ》ぐにおいて、暗殺けだし必要欠くべからずというべき耶《や》」（中江兆民『一年有半・続一年有半』岩波文庫、

一九九五年、二一七〜二一八頁）とした。

伊庭想太郎の凶行は、「腐敗」や「悪」を「懲らし」めるには「暗殺」も「必要」という感慨を社会に引き起こしたもので、明治の暗殺のなかでも来島の大隈襲撃と並んで支持が多く、その意味では「危険な」暗殺事件であった。

一九〇一年九月十日、無期徒刑の判決が下った。判決三日後、『伊庭想太郎公判録』（日本舘本店）が発売されており、法廷の模様を絵入りで伝え、判決全文も収録している。そのほか東台隠士『江戸の武士　伊庭想太郎』（日本舘本店）、花岡敏夫『刺客伊庭想太郎論』（博文館）、『刺客伊庭想太郎公判始末』（萬字堂）、岡田常三郎編『伊庭の性行――星亨遭害事件』（日本舘本店、いずれも一九〇一年）が出版されており、人気があったことがわかる。

青年剣士伊庭八郎のイメージ

想太郎は五十歳と当時としては老人であったが、兄（長男）の八郎は、青年剣士として知られ早世《そうせい》した人であった。八郎は将軍家茂《いえもち》の警護に始まり幕府講武所教授、鳥羽伏見の戦いに遊撃隊の隊員として参戦。のち相模・甲州・沼津と転戦し、遊撃隊第二番隊長として箱根で戦闘中に左手を喪失。片腕のまま江戸から榎本旧幕府脱走艦隊に乗り、奥州を経て箱館五《ご》稜郭《りょうかく》へ至り、徹底抗戦。戦闘中に亡くなっている。

新聞は第一報とともに、伊庭想太郎が五稜郭まで戦い戦死した八郎の弟であることを伝えている（『読売新聞』一九〇一年六月二十二日）。また、『江戸の武士　伊庭想太郎』の口絵には、富士山をバックに戦う伊庭八郎の姿が掲載されており、本文の前半もかなり八郎の話となっている。

月岡芳年画「名誉新談　伊庭八郎」

月岡芳年《つきおかよしとし》の錦絵《にしきえ》に描かれるなど早くから人気があり、子母澤寛などによる小説も多い。一九三三年には映画もつくられており（『伊庭八郎』日活太秦《うずまさ》、荒井良平監督、山本礼三郎、山田五十鈴出演）、近年は宝塚歌劇にもなっている（『散る花よ、風の囁《ささや》きを聞け～伊庭八郎秀穎《ひでさと》、見参！～』（一九八六年、宝塚歌劇団、作・演出：谷正純《まさすみ》、出演：朝香じゅん）。

したがって、想太郎は五十歳であったが、青年剣士八郎のイメージが想太郎に重なっていたことが、この暗殺に同情が多いことの有力な原因ではないかと思われる。

明治の典型的暗殺の時代はここまでであった。これからは現代の暗殺とより共通性の高い大正的暗殺の時代に入っていく。

第二章

大正編

次に「大正暗殺史」に進みたいと思う。いくつもの暗殺事件があるが中でも重要なのが朝日平吾事件（安田善次郎暗殺事件）である。

朝日平吾事件（安田善次郎暗殺事件）（一九二一年）

この事件は、一九二一年（大正十年）九月二十八日、朝日平吾が、神奈川県中郡大磯町《おおいそまち》にある富豪安田善次郎の別邸・寿楽庵《じゅらくあん》で、労働ホテル建設について安田に談合を申し入れ、面会中に所持していた短刀で善次郎を刺殺し、その場で自分も剃刀で咽喉部《いんこう》を切り自殺した事件である。

安田善次郎の陰徳主義

殺害された安田善次郎は一八三八年、富山生まれ。兄弟四男六女のうち六人が幼児で死亡するというような足軽以下の軽輩《けいはい》（苗字帯刀を許されず）の家に生まれた。江戸へ出て手代《てだい》奉公《ほうこう》から始め両替・金融商として成功。安田銀行をつくり、さらに帝国火災海上保険（のち

安田善次郎

の安田火災海上保険）を創設して保険分野でも日本で初めて成功し、一代の金融王となった。

一九一一年、明治天皇の勅語によって、貧困者の医療救済のための団体済生会《さいせいかい》がつくられることになり、資産家に寄付が求められた。その際、三井・三菱・住友のほか大実業家には一〇〇万円の寄付が要請されたようだが、安田の寄付は三〇万円だった。三井・三菱らと資産を比較したうえで安田なりの考え方でしたことだと見られるが、企図のリーダーだった渋沢栄一は不快感を隠さなかった。

その後数年の間に三井高弘・大倉喜八郎・森村市左衛門らは男爵の爵位を受けたが、安田にはなかったので両者は関連づけて捉えられがちとなった。安田のそれまでの「勤倹」という社会的イメージが「吝嗇《りんしょく》」へと変わり始めたと見られている。「善行は陰徳《いんとく》でなければならない」という父譲りの陰徳主義と世間的評価への「無頓着さ」のため、東大に安田講堂を寄付する（出来たのは死後だが）などの寄付事業をしておりながらマイナスのイメージを社会に与えてしまっていたのである（由井《ゆい》常彦《つねひこ》『安田善次郎——果報は練って待て』ミネルヴァ書房、二〇一〇年、六〜

一〇頁、三〇三〜三〇五頁）。

朝日の生い立ち

一方、この事件を知るには犯人の朝日平吾の生い立ち・軌跡を知ることが不可欠となる。しかし、朝日について事件後に書かれた書物としては奥野著（奥野貫『嗚呼朝日平吾』神田出版社、一九二二年）と米山著（米山隆夫『黄金王の死』時事出版社、一九二一年）の二冊しかないという状況である。奥野は朝日から遺書などを託された友人で、日記・手記及びそれらをもとにしたと見られる年譜の含まれたこの書は、朝日についての基礎資料となっている。

それに比すると、米山著はほとんど新聞記事などをもとに書かれたもので信頼性は低い。しかし、米山著にしか書かれていないことも多いので検討しつつ利用せざるをえない。

なお、近年、中島著（中島岳志《たけし》『朝日平吾の鬱屈』筑摩書房、二〇〇九年）も出ている。奥野著をもとにしたところが多いが、地元の新聞記事をもとにした箇所や少年期のことなど初めて明らかにされたこともある。

朝日平吾は、一八九〇年（明治二十三年）七月十五日、佐賀県藤津郡西嬉野《にしうれしの》村大字不動山二七番地に父亀吉の二男として生まれた（米山著では二十六日となっており、ウィキペディアもそう書いている。しかし、朝日が死ぬ前年六月一日から住んでいた西濃館には誕生を七月十五日と記録しており、それに依拠した）（『朝日新聞』一九二一年九月二十九日）。二歳年上の兄儀六の話によれば、朝日家は「元織田の一家」（織田信長の家臣の意と思われる）が九州に落ちて土着した者の末裔で、長崎・佐賀の県境の大野原に古びた石碑があるという。曾祖父は梅園という「憂国の俳人」だったが、学問のため財産をなくし困窮《こんきゅう》したので祖父も父も「学問を仇《かたき》のように考え」て、「一生懸命に町人として茶の商売」をした。父はとくに外国貿易を手広くしており、田舎の庄屋をずっと務めていたので、二〇人以上の家族でにぎやかに暮らしていたという（奥野、一八八頁。米山著では一時失敗したのを父とする異説が書いてあるが、平吾が育つ頃は裕福とする点で変わりはない）。

朝日平吾

平吾は腕白《わんぱく》で、十三、十四歳の頃には村の青年会の若い衆相手に喧嘩を吹っ掛け「大騒ぎをやらかしたりなどした」。しかし、小学校の成績はよく「いつも一等賞や特等賞やらばかり貰って来た」。だから腕白でも先生たちから可愛がられ、負けず嫌いなので勉強も精を出してやっていたという（奥野、一八三頁）。「腕白」「負けず嫌い」で、かなり成績が良かったことがわかる。

兄儀六は平吾の負けず嫌いのエピソードをいくつも語っており、小学校三、四年の頃、歴史で西郷隆盛（南洲）の話を聞いて感動し自分の本に「朝日西洲」と書いて先生から叱られ、同じ人間なのに南洲がよくて西洲がなぜ悪いのかと泣き騒ぎ、本を引き裂《さ》いてしまった。困った先生は代わりの本を買い「朝日西洲」と書いて与えてくれたという。一体に九州にはこの時期、西郷隆盛崇拝のようなものがあったと見てよいようだ。また、（小学生にしては早い気もするが）この頃からとくに南洲と日蓮《にちれん》を尊敬していたという。こういう乱暴な半面、優しいところがあり、のちに家を飛び出してからも、帰って来るときは必ず近所の年寄りに手土産を買ってきては訪問し、色々慰めていた。だから事件後も、村の老人たちは「大変同情して呉《く》れました」という（奥野、一八七頁）。

母の死と放蕩生活、看護兵へ

一九〇二年、十二歳の秋に実母が死亡した。兄によると、「五六人の愛し児《ご》を遺《のこ》して帰らぬ旅立をして了《しま》いました」「今思うと其《そ》の死んだ母と云《い》うのが、学問も可成り有ったし非常な賢母でしたから、若《も》し母が生きて在ったら或《あるい》は平吾とても、彼《あ》あした危険な思想には成らなかったかも知れぬなどと思うことも御座います。母の一番の楽しみは、哀《あわ》れな人々に施《ほどこ》しをすることでしたが、其の点は或は平吾が母から受けた美しい血であったかも知れません。その後父も色々と不幸続きで、そして今の母と添うようになりました」（奥野、一八九頁、二八二頁）（奥野著の年表によれば、父は母の死去した年に継母と再婚している）。

一九〇五年十五歳の春、佐世保高等小学校を卒業したが、無断家出して長崎の鎮西《ちんぜい》学院に入学し、牛乳配達や新聞配達などをしていた（米山著、一〇六頁）。そして兄によると、まもなく「退学して郷里を飛び出して了いました」。その後、上京して早稲田商科、日本大学法科と中途退学を繰り返し、「それから欧州航路の船員になったのを始めとして東に西に転々、放浪《ほうろう》な生活を続けておりました」「其の間にもいろいろなローマンスを作って居ります様子」という（奥野、一八九〜一九〇頁）。「欧州航路の船員」などの話は明らかに誤りだが、「退学して郷里を飛び出して」は事実と見られる。

米山著によると、父の後妻・継母ウタとの折り合いが悪かったからだった。親の金を持って外に出ては遊蕩《ゆうとう》し、なくなると帰って来て親や兄に乱暴をする、それに意見をすると、大言壮語して出て行くという放蕩《ほうとう》生活を繰り返していたという。米山著は朝日にネガティヴな傾向が強いのでこの通りかどうかわからないが、事件後、平吾の父亀吉は新聞でほぼ同趣旨のことを語っているので事実と見てよいだろう（『朝日新聞』一九二一年九月三十日）。

しかし、一九一〇年（明治四十三年）、佐賀の第一八師団第五五連隊第六中隊に入隊、翌年一〇名の看護学修業者中三番で卒業し、衛戍《えいじゅ》病院に勤務。一九一二年、一等看護卒となって除隊した。その後、一九一四年（大正三年）に第一次世界大戦が起こり、八月、第一八師団の衛生隊本部に編入され出征、龍口《りゅうこう》に上陸し、石門山付近、弧山、浮山の戦闘に参加した。さらに青島《チンタオ》戦に参加して、十二月に門司《もじ》（福岡県）に復員、翌年、勲八等白色桐葉章《くんはっとうはくしょくとうようしょう》従軍徽章《きしょう》及一時金を下賜されている。

軍隊のかなりの期間を、傷病兵を看護・介抱する看護兵として過ごしており、労《いたわ》りの気持ちが強かったことがわかるし、弱者の立場を知る機会が多かったものと思われる。

復員後しばらくのことは、奥野年表には、早大・日大に学び、後「演習参加」としかない。年齢的に早大に学んだのがこの時期とは思えず、「欧州航路の船員になった」以前としている前述の兄の話と矛盾するが、三木武吉《ぶきち》の書生（二十七歳）と日大学生時親交があったという新聞記事があるので日大には在学した可能性が高い（『朝日新聞』一九二一年九月二十九日、中島も指摘している〈四五頁〉）（「演習参加」は何の演習かも意味不明である）。

満蒙独立運動軍と失望

その後九州から上京し、薄益三《うすきますぞう》に馬賊《ばぞく》となることを熱望したことを薄自身が記述しており、「満州出発当時」の写真もある（『朝日新聞』一九二一年十月六日）ことなので事実と見て間違いないだろう。一九一六年八月、千駄ケ谷《せんだがや》の八幡宮で薄らは記念撮影し渡満、公主嶺に根拠地を置き、「勤王師満州軍第三軍」と称したという（奥野、一二七頁）。

この明治末期から昭和前期にかけての日本青少年の馬賊志向は、押川春浪《おしかわしゅんろう》の軍事冒険小説等に起源を持ち、大正初期には有本芳水『武侠小説馬賊の子』（実業之日本社、一九一六年）が出ているように青少年向き雑誌・書物によるもので、朝日もそれに大きな影響を受けたわけである。

（米山著には、東京で生活した後、一九一五年、釜山に行き雑誌の予約出版をするという名目で釜山市内を回り「悪徳を働いて」結局釜山警察署の注意を受け、一九一六年満州に渡った、馬賊の薄益三に東京で知り合っていたからで、「満蒙《まんもう》独立」を目指すパブチャップ軍に加わったとある。釜山で成功していれば満州に行かないことになるわけで奥野著の方が真実に近いように思われる。）

この第二次満蒙独立運動についての近年の研究は少ないが（澁谷由里『馬賊の「満洲」――張作霖と近代中国』講談社学術文庫、二〇一七年、一八六～一八九頁参照）、満蒙独立をめざす東部内モンゴルのパブチャップ軍ら数千人に日本人部隊数百人が加わり、張作霖《ちょうさくりん》軍と戦ったのである。薄によると、朝日は看護兵だったのでその任に就いてもらいたいと思い命じたが、朝日は陣頭で戦うことを望み前線に立ち勇敢に戦ったという。しかし戦果が挙がらなくなり、さらに奥深い蒙古方面にまで撤退するか否かの軍議をすることになった。そこで脱退者を認めるとしたところ、三人の希望者があり朝日はその一人だった。朝日によると、「ごろつき」が参謀で、軍規は「滅茶苦茶」、薄は「面白半分にやって居るに過ぎなかった」、さらに蒙古方面にまで入るという企図の一番の賛同者は金儲けが目的と見られ嫌気がさしたという（奥野、一二〇〜一三一頁）。

このことについては、都築七郎『秘録伊達順之助——夕日と馬と拳銃』（番町書房、一九七二年）が最も詳しいが、「夜行軍の途中で薄の馬賊部隊にいた十人ほどの日本人隊員は道を失って本隊から別れ別れになり、やむなく公主嶺に戻ってきた。この日本人志士の中には、のちに安田善次郎を暗殺した朝日平吾も加わっていた」とある（一〇七頁）（波多野勝『満蒙独立運動』ＰＨＰ新書、二〇〇一年、二一三頁には都築著によるものと見える記述があるが、朝日について誤解があるようだ）。都築著は聞き取りによる箇所が多いが、別離の理由はともかく朝日の言うことがほぼ真実であることがわかる。

こうして、大きな希望を抱き先頭に立って戦った満蒙独立運動軍での活動は、むしろ大きな失望に帰したのである。「あ、思えば凡《すべ》ては夢さ、満蒙の野に長い夢を見て居たのだ」（奥野、一二五頁）。

その後は、朝鮮・中国東北部を転々としていたようである。年表に挙がっている地名は京城・大邱・平壌など朝鮮が多い。そして、一九一七年七月二十一日、政治運動家の内田良平に朝鮮銀行奉天支店長小西春雄を紹介してもらい、小西の紹介で、大連の福昌公司《ふくしょうこうし》の本船係となったが、しかし、十一月になって寒くなり外套《がいとう》などの支給がないので支給を懇請したが拒絶され、十二月末には辞表を出し辞めている。福昌公司は相生由太郎《あいおいよしたろう》が創った大連埠頭《ふとう》の荷役業務会社で、安定した職場だがこうした職場は向いていなかったということであろう。

赤塚奉天総領事との交流と訣別

それからは大連と奉天を往復するような状態だったが、大連で友人のために得た水筒販売の儲け一五〇余円を料理屋等で使いこんでしまい、留置場に勾留される。続いて旅順の普通法院の未決監に二カ月収容された。しかし七月二十六日、横領罪で裁かれることはなく不起訴放免となっている。「身持ちが悪」いので懲戒のために拘置されたのだという（奥野、三

○一〜三三二頁)。
この未決監を出た一九一八年七月二十六日から日本の自宅に帰る一九年八月二日までについてははっきりしないことが多いが、年表では満州通信社大連支部（三二七頁)、奉天で内外通信社（三二九頁)、日華実業支局、大亜義会などに勤務している。その間、貧民を助けて訴訟を提起したり、赤塚奉天総領事の依頼で「慈善質屋」という文章を寄稿したり、大陸日々新聞に「濁富《だくふ》の凋落《ちょうらく》」という原稿を投稿したりしている。

弱者救済の言論活動や実践をしており、その志向が強いことがわかるが、勤務先をたびたび変えるなど、安定性がないことも否定できない。また、よく新聞雑誌関係に勤めており、文筆の才能がかなりあると見られたことは間違いないだろう。

そして、赤塚総領事他一名をピストルで殺そうとして断念後、一九年五月十日退去命令を受け奉天を出たという。「ピストルを求めて歩きしも無し、後断念」というのだから（奥野、二八六〜二八七頁）穏やかでないが、赤塚総領事と親しくなれるほどの存在であったこともわかる。

奉天総領事赤塚正助《しょうすけ》は鹿児島出身、東京帝国大学法学部を出て外務省入省、欧米アジアの各地に勤務した後、通商局第一課長・広東総領事を経て一九一六年九月奉天総領事に着任している（十月関東都督府事務官・関東庁外事部長を兼任。一九二三年九月オーストリア公使を経て二八年退任し、民政党衆議院議員となる）。

石井菊次郎外相は「張作霖に日本の睨みをきかせる存在になることを期待した」人事だったという（井上勇一『満州事変の視角――在奉天総領事の見た満州問題』東京図書出版、二〇二〇年、一六九～一七七頁）が、実際赤塚は奉直戦争勃発を避けるため張作霖に自重を促すなど日本の影響力行使に大きく貢献する存在になり（井上、二一三頁）通常の三年程度の任期を超えた六年もの留任となっている。「東洋豪傑肌の快男児」「張作霖関係の第一人者」と言われたという（秦郁彦編『日本近現代人物履歴事典』東京大学出版会、二〇〇二年、七頁／角屋謹一『普選議会の重なる人々――政界人物評伝』文王社、一九二八年、四四～四五頁）。

この一九一九年には、中国兵が満鉄社員に危害を加えたことから日中両軍が衝突した寛《かん》城子《じょうし》事件なども起きており、日中間の紛争が絶えないので（この事件は朝日帰国後だが）、方針をめぐって朝日との間に軋轢《あつれき》が生じてもおかしくはないといえよう。

弱者救済と富豪攻撃

そして、再び京城に至り、朝鮮及満州社に入社するが二カ月で退社。「三井罪悪史」「滅亡?・反抗?・」「府営質屋提唱」を朝鮮新聞などに投稿した後、帰国した。富豪攻撃を続けており、府営質屋など弱者の救済事業をやろうとしていたことがわかる。また、ここでも度々新聞雑誌関係に勤めている。

(一方、米山著は以下のように否定的なことばかりとなっている。すなわち、再び満州に行って、新聞記者になりすましたり、雑誌社員として恐喝を働いたりした後問題を起こし、奉天総領事・大連官憲から退去命令を受けた。その後、朝鮮に戻り京城で雑誌社員として恐喝を働いた結果、一九一九年の暮れに朝鮮総督府警務総監部の「注意が急に強烈に成った」ので、朝鮮も去って内地に帰った、というのである。「ピストル」云々は奥野著にもあるのでかなり危険視される存在であったことは間違いないだろうが、ここまで反社会的だったかどうかは疑問が残る。)

なお、米山著にしかないこととして朝鮮平壌に渡り、遊郭に長期滞在し、遊女に関する刃《にん》傷《じよう》沙汰《ざた》を起こし、新聞に掲載されるに至ったということがある。常に白鞘《しらさや》の短刀を持ち、「国家・社会」と言って「頻《しき》りに憤慨する癖があった」(『福岡日日新聞』一九二一年十月一日と同じ記事である)が、「美男子の上に、薩摩琵琶が得意であったので」女性にもてたというのである。

刃傷沙汰というのも、朝日の愛人の芸妓の元恋人がその芸妓を朝日から取り返そうとして芸妓を襲い自分も自決したという事件である。さらに、朝日は事件を報道した新聞社に記事の内容に関して「暴れ込み」、かえって朝日の金の出所が問題になり平壌署に逮捕されかけて地方に逃亡したのだという。

殺人の上自決というのは朝日の犯行を想起させるが、米山著は朝日に批判的なのでどこまで事実かわからない。ただ、奥野著や朝日新聞も死後朝日を慕う女性のことを書いているので、詳細はともかく女性問題に関する何らかの事件があった可能性は高いと思われる。

「溶鉱炉の火は消えたり」と朝日

さて、朝日が自宅に帰ったときの日記がある。一九一九年「八月四日（月曜）夕方実家に帰る。父は幾分親しげなるも母（継）は例に依《よ》って極めて愛想無きのみか。頓《とん》と寄つかず。（中略）自宅に帰りし心になれず。（中略）母は肴《さかな》一度供しくれず、朝から晩まで一言も交《かわ》さず、あたかも針の蓆《むしろ》に座せし気持す。（中略）反抗の気萌《きざ》せり。みな父母の仕打が原因なり。（中略）店員女中まで我々を軽視す。ああ、帰郷せざりしものを、かくあらんとは知らざりし口惜しさよ」（奥野・跋、一～二頁）。

橋川文三はこの箇所を非常に重視して、朝日のパーソナリティ分析の冒頭に置いている

（橋川文三『昭和ナショナリズムの諸相』名古屋大学出版会、一九九四年、一一一頁）。確かにこの故郷と「家族」の喪失という感情から来る悲哀感こそ朝日の行動の根源に一貫してあったものと言えるであろう。

しかし、その後一つの道が開けた。父の経済的支援により九月二十八日、戸畑《とばた》（福岡県）で旅行具店を開くことになったのである。「純町人姿」、「開店当時の朝日君の神妙であったこと、寧《むし》ろ呵笑《おか》しい位である」と友人は書いている（奥野、二二〇頁）。ところが当時、折から北九州で「溶鉱炉の火は消えたり」と言われた八幡《やはた》製鉄所の空前の大争議が起きた。この大争議は、一九一八年中の食堂・浴場・便所などの待遇改善を求めた演説による約一万人の二日間の自然発生的サボタージュから始まる。翌一九年九月、浅原健三を中心に約三〇〇〇人が集まって「労働問題演説会」が行なわれ、十月には浅原健三・西田健太郎を中心に日本労友会が職工を中心に結成された。

十一月から十二月にかけて日本労友会は臨時手当の本給繰り入れによる賃上げ・労働時間短縮などを求めて闘争準備に入る。二〇年二月四日工場長に嘆願書を提出、受領を拒否され、労友会は二月五日未明二万数千名を率いて大ストライキに突入するのである（浅原健三『溶鉱炉の火は消えたり――闘争三十三年の記』新建社、一九三〇年、六二〜八七頁）。

こうしたなか、戸畑にいた朝日は争議支援のため資産の全部を注ぎこんだのであった。「労働者諸君のため、公憤を一身に引き受けて、二三千円の旅行具店は資本金諸共、根こそぎ棒に振った」（奥野、二三一頁）。無謀ではあるが、朝日からすれば年来の主張の貫徹だったのであろう。では、朝日が旅行具店を戸畑に開いたときに、八幡製鉄所の空前の大争議が起きなければ朝日はずっと旅行具店長であったのか。そうとも思われないのが次の政治活動である。

同じ一九一九年末には、朝日は西岡竹次郎の青年改造連盟と共に九州一円を「遊説」した（奥野年表、二八八頁）。兄儀六も「西岡竹次郎氏等が来保した時私等の止めるのも聴かず演説をしてその一行と行った」と回想している（『朝日新聞』一九二一年九月三十日）。西岡は長崎県出身の政治運動家で、この頃普通選挙運動を熱心に行なっており、のちに国会議員となり、戦後には長崎県知事になる。原爆に広島と長崎の両方で被爆した珍しい国会議員である。西岡は一九一九年一月二十一日、普通選挙期成同盟会の幹事となり、二月十一日には学生約三〇〇〇人が参加した普通選挙促進示威《じい》行進を成功させ普選運動のリーダー的存在となっていた（『朝日新聞』一九一九年二月十二日。伊東久智『「院外青年」運動の研究　日露戦後――第一次大戦期における若者と政治との関係史』晃洋書房、二〇一九年、一八〇頁）。

普通選挙運動へ

続いて西岡は、青年改造連盟をつくっている。青年改造連盟は一九一九年（大正八年）十一月二日に結成された普通選挙促進団体で、立憲青年党（非政友会系青年組織）を中心に、普通選挙促進同盟会・全国学生同盟会など多くの団体が加盟している。「人類解放の大義宣伝」など五項目の綱領を掲げており、西岡は常任委員だった。中心人物の一人橋本徹馬《てつま》は、「普通選挙の実施」等を「上御一人と一般国民との日本たらしめることである」としていた（松尾尊兊《たかよし》『普通選挙制度成立史の研究』岩波書店、一九八九年、一六一頁）。

青年改造連盟は十一月下旬以降、全国の主要二六都市に遊説隊を派遣。門司遊説後、門司の純正青年党から加盟の申し込みがあったり、福岡青年立憲党の代表者が門司まで出迎えに来て東京での普通選挙促進示威行進への参加を表明し、地方でも呼応して示威運動を行なう「意気込み」を示したりするなど、各地域の青年党と関係を構築していった（「青年改造連盟九州遊説日記」『青年雄弁』五巻一号、一九二〇年一月、一五二頁）。

二〇年二月一日には普選促進全国青年大会を開催、「入場者七千名」（内務省警保局「大正九年二月五日調 普通選挙促進運動概況 第三報」日本近代史料研究会編『大正後期警保局刊行社会

運動史料』日本近代史料研究会、一九六八年、一二九頁）、「三万を容る、鉄館〔国技館〕裡は七分通り犇々《ひしひし》と詰まつた」（『東京朝日新聞』一九二〇年二月二日）という盛況ぶりであった（伊東、一八〇頁、一九七〜一九九頁。青年改造連盟についての引用資料は同書による。立憲青年党・青年改造連盟については、伊藤隆『大正期「革新」派の成立』塙書房、一九七八年、二二七〜二七七頁／松尾、一四二〜一四六頁、一六〇〜一六六頁も参照）。

朝日がこのあと、上京後に憲政会本部に入っている（奥野年表、二八八頁）のはこの関係からと思われる。朝日は死後、憲政会系とも見られたが（奥野、一六〇頁）、少なくともこのとき、非政友会系の西岡竹次郎という普選運動のリーダー的存在と共に九州をまわる普通選挙実現運動家だったのである。

米山著に一時、実家で家業を手伝ったが、政治家が演説に来ると「壮士気分」になるのでうまくいかず上京した、とあるのはこのあたりのことを指すのであろう。

そして一九二〇年四月、「実に父子兄弟一生の別れ」をして上京、五月に福島で中野寅吉《とらきち》（憲政会）の選挙応援をしたのち、六月頃「平民青年党の組織に奔走《ほんそう》」した（奥野年表、二八八頁）。

平民青年党は、朝日が最初に行なった自分を中心とした組織的活動である。「武家専制の遺物たる、貴族的軍閥的の階級思想を固執して、自由平等たるべき陛下の赤子を窘迫《きんぱく》し、民本思想を指して危険視する頑迷不霊《がんめいふれい》の痴漢」「正義人道を無視し国利民福を侵すの輩」を攻撃し、「皇室中心民本思想に立脚」したものだとしている。皇室中心で、武家専制の遺物たる貴族的軍閥的階級思想に固執する頑迷不霊の「痴漢」を敵とし、自由平等・正義人道・民本思想をめざすというものである。

一方、米山著では、一九二〇年二月に九州青年党幹事長の福田天峰の手伝いを始め、まずはあちこちで応援演説をしたとある。

この福田天峰と九州青年党については、一九二一年一月に福田天峰「第四十四議会重大問題の真相」という小冊子（六二頁）を出しており、一応それなりの政治結社と見られる。

米山著には、その後平民青年党をつくろうと福田天峰と計画、奉天時代に知り合った国民党の大内暢三《ちょうぞう》（福岡県八女《やめ》の出身、戦国大名大内義隆の系譜、アジア主義者）らに説いて動きまわったが、結局福田、大内にあまり相手にされず実現しなかったとある。平民青年党はやはりあまり実体はなかったのであろう。

大内家は戦国大名大内義隆の弟に始まり、暢三で十一代目であった。アメリカに留学したが、近衛篤麿《このえあつまろ》と親しくしてからはアジア主義の立場をとり、一九〇八年犬養毅の憲政本党から立候補して国会議員となっている。朝日は、一つの人脈として九州北部とアジア主義のラインを辿っていることがわかる。

仏教から神祇道へ

ところがここで、朝日は政治の世界といったん手を切り、宗教に入ろうとする。かなり精神的に不安定だったのではないだろうか。

奥野著には、大日本救世団幹事の本田仙太郎の紹介で、一九二〇年十一月五日静岡の日蓮宗大石寺《たいせきじ》に奥野とともに入ったとある。しかし、この点については米山著のほうが詳しい。米山著では、やはり福田天峰のために雑誌『財界の日本』の主幹を務めたりしていたが、世を救うには「政治の力でも金の力でも駄目で」「宗教生活に入て大に修養を積んだ上、信の力で世を救おう」（米山、一一九頁）という気持ちが強くなり、そこで、大日本救世団の創設者大迫尚道《おおさこなおみち》元陸軍大将と（福田の紹介による）頭山満の紹介状を持って川崎の日蓮宗妙満寺の住職本多日生に仏門に入れてもらいたいと訪れた。しかし、日生に断られ、今度は静岡の日蓮宗大石寺に宗教目的で入寺したとなっている。

しかし一カ月くらいすると「こんな宗教には飽きたらない」、社会事業をするのだと言って再び上京したとある。この下山の経緯については奥野著のほうが詳しい。要するに、朝日の不遜《ふそん》な態度が大石寺の僧侶を怒らせ下山させられることになったが、大石寺の僧侶の側も近辺の女性と問題のある関係をもっていた者がいたので朝日は激怒したと記述されている。この記述がどこまで本当かはわからないが、朝日自体もそうした関係をもったことを書いてあり（奥野、一〇八〜一〇九頁）、偽善を排した正直な内容であることがわかる。

ともあれ、このことは結局仏教との別離となる大きな挫折であったと思われる。大石寺に入った初期の段階、二〇年十一月二十日には日蓮宗に基づく教化団体・達人館の設立を考えているのであるから（奥野、二五二〜二五九頁）。

下山後は、今度は龍生淵という所に居を定め、「神州義団」を組織しようとすることになる。米山著に次のようにある。

再度、大内暢三を訪ね、社会のため国民の道徳のため戦いたいがとくに日本と朝鮮の融合のための布教師になりたいので「神道（の？）会」を紹介してもらいたいと頼み込み、紹介状をもらった。ところが紹介状の先には行かず、小石川（東京）で宮井鐘次郎《かねじろう》が経営していた龍生淵倶楽部の神風会に行き、そこで発行していた『忠愛新聞』という新聞の編集を二カ月ほど手伝っていた（米山、一二一〜一二三頁）。

そして結局一九二一年一月頃から、自ら神州義団を起こすことになる。これは龍生淵の宮井鐘次郎などを相談役にして、神祇道による日本の精神的救済をめざすとしたものであった。仏教から神祇道へと転じたわけである。名前はいかめしいが、方法の第一は「腹式呼吸」というのだからかなりの程度庶民宗教的なものと見てもよいであろう（奥野、二五九〜二六五頁）。

なぜ安田が暗殺対象になったか

しかし、宗教ではもう満足できないものがあったようだ。次に朝日は、弱者の具体的救済策として労働者向けの宿泊施設「労働ホテル」の建設に着手することになる。自分自身の木賃宿《きちんやど》の体験から考えついたことだった。朝日によると、東京の社会事業の最悪は細民宿泊所であって、無料もしくは低廉宿泊所の収容力は八五〇〇名しかない。残余の二万九〇〇〇名は四〇銭の宿泊料を払って宿泊するが、彼らの収入は平均一円五〇銭なので巨大な負担である。そこで、南千住貸座敷跡に浴室を完備した清潔な宿泊所を作り彼らに提供するというのであった（奥野、二六五〜二七一頁）。

こうして、趣意書を持って知名士をまわり始める。まず、衆議院書記官長寺田栄（西南戦争に呼応した「福岡の変」に参加、鳩山一郎の妻である鳩山薫《かおる》の父）の紹介状を入手、渋沢栄一邸に日参し面会に成功、五〇〇円の寄付と二、三の紹介状を書いてもらった（米山著には、要求を断られると白鞘の短刀を出しもろ肌を脱いで切腹しようとしかけ、五〇〇円をせしめたとあるが、奥野著はこうした新聞記事がある〈『朝日新聞』一九二一年九月二十九日と思われる〉が事実ではないと書いている。このあたりが、米山著に一〇〇％信頼をおけない理由である）。

六月一日に本郷の西濃館を宿舎にして、大倉喜八郎、浅野総一郎、山下亀三郎ら実業家に会おうとするも面会を断られるか、「乞食同様の取扱を受けた」（奥野、二四五頁）。しかし、森村開作は渋沢の紹介状で会ってくれ、一〇〇〇円を寄付してくれたので、朝日は感動したという。

しかし、この事業は結局失敗する。渋沢への紹介状を書いた寺田栄によると、渋沢の思想問題に対する意見を『忠愛新聞』に紹介したいというので、紹介したら、渋沢に寄付を求め小切手を得た。それを「支那浪人」に転貸し、「支那浪人」が銀行で現金化しようとして、銀行が渋沢・寺田に問い合わせ事情がわかった。その後、朝日から、渋沢の態度が一変した、小切手の事情について説明したいと言ってきたので寺田は会ったが、寺田は最初の紹介の趣旨と違うとして頑強に拒絶したという（米山、一二五～一二七頁）。これが主原因であろう。朝日にも事情があったかもしれないが社会的信用を得るには難しい事態であった。

朝日が一々決算書を書いて残金を返す申し出をしたところ、森村は懇切に返事をくれて「捲土重来《けんどちょうらい》」を説いてくれたので、朝日は涙にむせんだという。こうして一九二一年八月中旬には労働ホテル建設も断念した。

このプロセスで大木遠吉法相を訪問して胡坐《あぐら》を組み腕まくりして談判したり、逓信省簡易保険局進藤積立金運用課長に積立金の貸借を申し込んで拒絶されたりしていたが、この頃から安田と浅野を特に攻撃し、両国の川開きの頃に朝日の同志が「安田を屠《ほふ》れ」というビラをまいたので内田良平から叱責されたという（米山、一二八～一二九頁）。

最後の点は、安田は「最近には深川の某壮士団から焼打ちすると脅かされた事実があり」（『読売新聞』一九二一年九月二十九日）とする読売新聞報道とも符合している。

また、なぜ安田が暗殺対象になったか、事件後原因が色々言われた中、前年三月の株の大暴落で朝日は大損したが、その際、安田善次郎が株を一手に買い占めて二〇〇〇万円の利益を得たというので善次郎を恨んでいたという報道がなされている（『朝日新聞』一九二一年九月二十九日）。米山著は、この安田の買い占め話を友人の風間弁護士が朝日に話したところ朝日は激怒していたので風間弁護士はこのことが原因とみていると書いている（一三四頁）。

しかし、年表を見ると事件前年三月から四月にかけての株価大暴落、戦後恐慌の時期、朝日は西岡とともに九州一円を遊説した後「帰郷」、父と別れて上京した頃であり、その可能性は極めて低い。

ただ、読売新聞は「この凶行も善次郎翁自身が招いたものではあるまいか。世の人人からは、高利貸と罵《ののし》られ、自己一身の私利を願う外他を顧みず、残忍酷薄な有財餓鬼として呪われ（中略）不穏の言辞を連ねた投書が日毎に本所横網《ほんじよよこあみ》の本邸へ舞い込んでいる事実は、原田氏（「飛報に接して駆けつけた第三銀行副頭取原田虎太郎氏」「明治一五年来安田家に仕え現に幹部の一員」）の口から聞いたところである」（『読売新聞』一九二一年九月二十九日。適宜読みやすくなるよう句読点等を補った）と報道している。

すなわち、「安田の買い占め話」のような報道がなされたということ自体、このような話が広く流通しており、ターゲットとされる重要な要因であったと見られるということであろう。

刺殺と自決

朝日は九月三日に「死の叫び声」という第一の遺書を書き、九月九日には第二の遺書を書いている。十二日、記念撮影をし、書類の整理を始めた。九月二十六日に絽《ろ》の紋付羽織にセルの袴をつけて宿を発った。米山著によると部屋は片付けられていて、机上の一輪挿しには造花が生けられ、協調会『社会主義の限界』、井上雅二『荒尾精』などの本が机上には置かれていた（協調会『社会主義の限界』は正しくはブーック著高橋正熊解説『社会主義の限界』協調会出版部、一九二〇年、また、『荒尾精』は正しくは『巨人荒尾精』である。協調会は一九一九年にできた半官半民の社会政策団体。この点、『朝日新聞』一九二一年九月二十九日は「『社会主義の限界』その他二三冊の書物」となっている。前者の方が詳しく正確と思われ、社会主義・社会政策とアジア主義という二つの関心が示されていて興味深い）。

一九二一年（大正十年）九月二十六日、大磯長生館に投宿。二十七日、朝日は善次郎の住む神奈川県中郡大磯町字北浜四九六にある別邸・寿楽庵を訪れ、弁護士・風間力衛を名乗って、労働ホテル建設についての談合を申し込んだが、拒絶された。

翌九月二十八日、書生の山梨茂利雄（十六歳）に午前九時頃に、渋沢子爵と岡喜七郎警視総監の紹介状を持ってきたとして面会を求めた。奥の一二畳の書院で織柄縞のフランネルで新聞を読んでいた安田は、別荘で面会は困ると断ったが、聞き入れないので、書院に通し南向きの畳廊下に卓を挟んで応接した。女中つるが茶菓を運んだときは二人とも沈黙していたが、三十分ほどしてから「キャッ」と叫ぶ声がし、さらに善次郎が「栄吉、栄吉」と門番の栄吉をけたたましく呼ぶ声がした。栄吉は不在のためつるが駆けつけると、善次郎は書院から庭先に転落し全身血まみれになって仰向けに倒れていた。

朝日は馬乗りになって短刀を振り上げていたが、つるを見て「近よれば貴様も殺して仕舞うぞ」と怒鳴ったため、つるは震えあがり隣の長生館に知らせるべく立ち退いた。朝日は善次郎に止めを刺し、書院南縁側に引き返し、西洋剃刀を取り出し、頸部《けいぶ》を右から左へ剃刀の尖端が現れるまでに突き刺して自刃した。

善次郎の傷は数カ所あったが、右横腹一カ所が大きく、咽喉部の気管支を切断されていたので、横腹を刺して格闘した後咽喉部を突いて死に至らしめたと見られている〈大磯警察署長は奥野に、善次郎への傷より朝日の咽喉の傷の方が深く「余程覚悟した」「見事な自刃」と言ったという〈奥野、五三頁〉〉。この時、家にいたのは、病臥中のふさ子夫人とつるのほか女中など四人、書生らであった。

以上は、主に朝日新聞（一九二一年九月二十九日）によった。奥野が、最初警察署長（書生・女中の口述をまとめたもの）から聞いた話を読売新聞で話したもの（『読売新聞』一九二一年十月一日）は簡単で信頼できそうだが、書物では「新聞の報道するところ、人々の物語るところ」のうち、「一致して居る点を総合」した叙述をしたとして微細に一部始終を書いている。しかし、聞いている人のいないはずの二人の会話の内容が詳しすぎ、創作が多いと思われ採用できなかった。読売記事の、安田が「君は宗教家ではないか」と朝日に言ったというのは事実のように思われる（奥野、六六～七七頁）。

遺書は三通あり、内田良平、藤田勇《いさむ》、北一輝に宛《あ》てられていた（奥野、三七頁）。満川亀太郎は「遺書に北・大川・満川の三名が名指されたがため、何か猶存社《ゆうぞんしゃ》と関係があるかと疑念を有った人もあった」としており、猶存社を主宰していた三人の名前があったように書いている。しかし、「ただ、八代大将から三人へ本人を紹介する名刺が封入されてあったのである」としている点からして、後述の八代の北への紹介の時点での出来事と混同したものと思われる（満川亀太郎『三国干渉以後』伝統と現代社、一九七七年、二五八頁）。

内田とは満州に就職するための紹介状を書いてもらって以来の縁で数回会っており、奥野著の巻頭に「叙」を寄せている。内田は朝日の行為を評価しているが「斬奸状に盛られた国家社会主義的思想は明らかに内田の思想とは異質であった」（初瀬龍平『伝統的右翼内田良平の研究』九州大学出版会、一九八〇年、二六四頁）。

藤田勇は東京毎日新聞社社長で、鈴木茂三郎・加藤勘十《かんじゅう》（同社記者）ら社会主義者を支援、大正末にはソ連のヨッフェ来日・日ソ国交回復に力を尽くしたが、また満州事変・十月事件の支援もしたと言われる。戦後は日本社会党結成支援もしており、この時代らしい複雑な人物である（小田部雄次『徳川義親の十五年戦争』青木書店、一九八八年、七四〜七六頁、一九四〜一九八頁）。

北一輝は事件の前年八月、八代六郎海軍大将から朝日のことを紹介されたが、会うことはなく、突然遺書が届けられたのであった。北がこの遺書を壁に掲げて読経していると、座っていた書生が、微笑した朝日の顔となり立って右手をあげ遺書を指さすということが繰り返された。朝日の顔はその後新聞を見て初めて知ったので「不思議」だったという（奥野、一四八〜一五一頁）。北は、朝日の葬儀等に参加、のちの安田保善社争議では、北の配下が朝日の死に装束を着て現れる。それにしてもこのような心霊談のようなものまで北が語ったのは、朝日の「死の叫び声」と題する遺書に書かれた「大正維新」の具体的実行内容が（金額などの数字を別にすると）ほとんどそのまま北の『国家改造法案原理大綱』と同一であったからと思われる。

「死の叫び声」

次に「斬奸状」と「死の叫び声」（抄録）を見てみよう。以下のような内容である。

「斬奸状
奸富安田善次郎　巨富を作《な》すといえども富豪の責任はたさず、
国家社会を無視し　貪欲卑吝《ひりん》にして民衆の怨府たるや久し。
予　その頑迷を愍《あわれ》み　仏心慈言をもって訓《おし》うるといえども改悟せず。
よって天誅を加え世の警《いまし》めとなす。
大正十年九月
神州義団団長　朝日平吾」

「元老範を垂《た》れ、元凶政事を為す、即ち知る可《べ》し、藤田（藤田伝三郎—筒井）は伊藤博文の命により紙幣を偽造して男爵となり、大倉は石塊の罐詰《かんづめ》を納入し得たる不浄財の一部を献金して男爵となり、山本権兵衛は軍艦をなめ、シーメンスを演じて巨財を作り、大隈、山県、其他老星の豪奢《ごうしゃ》は在閣当時の悪徳にあり。憲政会には岩崎控え、政友会は満鉄と阿片とにて軍資を調達し、其の他の政治家顕官悉《ことごと》く奸富《かんぷ》と通じ私利に汲々《きゆうきゆう》たり、而《しか》して之ありて濁富を得し者に三井、岩崎、大倉、浅野、近藤、安田、古河、鈴木の巨富あり、其他の富豪皆然らざるなし」

「過労と不潔と栄養不良のため肺病となる赤子《せきし》あり、夫に死なれ愛児を育つるため淫売となる赤子あり、戦時のみ国家の干城《かんじょう》と煽《おだ》て上げられ負傷して不具者となれば乞食に等しき薬売りをする赤子あり、如何なる炎天にも雨風にも左に左にと叫びて四辻に立ちすくむ赤子あり、食えぬつらさに微罪を犯して獄裡に苦悩する赤子あり、之に反し大罪を犯すも法律を左右して免れ得る顕官あり」

「吾人は人間であると共に真正の日本人たるを望む、真正の日本人は陛下の赤子たり、分身たるの栄誉と幸福とを保有し得る権利あり、併《しか》も之なくして名のみ赤子なりと煽てられ、干城なりと欺かる」

「現下の社会組織は国家生活の根元たる陛下と臣民とを隔離するの甚《はなは》だしきものにして、君民一体の聖慮を冒瀆《ぼうとく》し奉《たてまつ》るものなり、而して之が下手人は現在の元老なり、政治家なり、華族なり、顕官なり。更に如斯《かくのごと》き下手人に油を注ぎ糧《かて》を給する者は実に現在の大富豪なり、従て君側の奸を浄め奸富を誅《ちゅう》するは日本国隆昌のための手段にして、国民大多数の幸福なると共に真正の日本人たる吾等当然の要求なり、権利なり」

「世の青年志士に檄《げき》す。卿等は大正維新を実行す可き天命を有せり。而して之を為すには先ず第一に奸富を葬る事、第二に既成党を粉砕する事、第三に顕官貴族を葬る事、第四に普通選挙を実現する事、第五に世襲華族世襲財産制を撤廃する事、第六に土地を国有となし小作農を救済する事、第七に十万円以上の富を有する者は一切に没収する事、第八に大会社を国営となす事、第九に一年兵役となす事……等より染手すべし、併も最急の方法は奸富征伐にして、それは決死を以て暗殺する外に道なし。

最後に予の盟友に遺す。卿等予が平素の主義を体し語らず騒がず表わさず黙々の裡にただ刺せ、ただ衝《つ》け、ただ切れ、ただ放て、而して同志の間往来の要なく結束の要なし、唯だ一名を葬れ、是れ即ち自己一名の手段と方法こそ尽せよ。然らば即ち革命の機運は熟し随所に烽火揚り同志は立所に雲集せん。夢々利を取るな。名を好むな。只だ死ね。只だ眠れ。必ず賢を取るな、大愚を採り大痴を習え、吾れ卿等の信頼すべきを知るが故に檄を飛ばさず予の死別を告げず黙黙として予の天分に往《ゆ》くのみ、吁々《ああ》夫れ何等の光栄ぞや、何等の喜悦ぞや。

大正十年九月三日　東宮殿下を奉迎するの日に書す　朝日平吾」

この事件についての最も優れた新聞上の批評は、次の『読売新聞』によるものであった。

「一億万円の巨富を以てしても購い難きは此の死に対する深き深き社会的衝動である」「一人の死が斯《かく》の如き底深く幅広い影響を社会に与えた」「元老の国葬に対して無関心であり得るものも、翁の死に対しては魂の底から動かされざるを得ない」

「大久保利通の死、森有礼の死、星亨の死、それぞれの時代色を帯びた死であるが、安田翁の死の如く思想的の深みは無い」「安田翁の死は、明治大正に亘っての深刻な意義ある死である」（『読売新聞』一九二一年九月二十九日）

この批評と同じく、事件の本質を鋭く衝《つ》いたのは吉野作造であった。

「私は、安田翁を殺したのを当然だなどというのではない。朝日の行動には徹頭徹尾反対だ。ことに一安田翁を除くことに依て直に社会を救うを得べしと考えた短見は憫笑《びんしょう》の至りに堪《た》えぬ。けれどもあの時代に朝日平吾が生れたと云うその社会的背景に至ては、深く我々を考えさせずには置かぬものがある。日本の青年には今日なお幾分古武士的精神が残って居る。不義を懲らす為には時に一命をすてて惜まない。加之《しかのみならず》一方には富の配分に関する新しき理想にも動いて居る。此時に当り社会の上流に金の為には何事を為すに辞せぬという貪慾な実業家があるとしたなら、この古武士的精神と新時代の理想との混血児たる今日の青年が、物に激して何事を仕出来すか分ったものでない。斯かる形勢は我々よく之を理解しておくの必要がある。また世人をしてよく之を理解せしめておかなければならない」（吉野作造「宮島資夫君の「金」を読む――朝日平吾論」『吉野作造選集12』岩波書店、一九九五年、三三九～三四〇頁）

『読売新聞』は、明治の暗殺を「時代色を帯びた死」としつつ「安田翁の死」のほうを「思想的の深み」のある死とした。吉野は、朝日を「古武士的精神と新時代の理想との混血児」とした。吉野にはやや古い時代精神への強調があるが、言っていることは同じであろう。

明治の暗殺の多くは、その典型である来島恒喜の大隈重信爆弾遭難事件のように、不平等条約交渉阻止という明確な政治的目的のもとに対象が選ばれる純然たる政治的理由による暗殺であった。

しかし、大正の朝日による暗殺は、対象を貧困な社会的弱者のための救済事業の意義を解しない大富豪としており、暗殺者の動因としては家庭的不幸ということがあった。暗殺において、極端な貧富の差と生い立ちからくる不遇が前面化してくる事態というのは明治には考えられなかったことであった。

「天下国家」から「個人的問題」へ

政治思想史学者の橋川文三《ぶんぞう》はこの点、朝日の「吾人は人間であると共に真正の日本人たるを望む」という文章を、大正という時代においては「吾人は日本人であると共に真正の人間たるを望む」と読み替えても何ら問題はないはずだと分析した。言い換えれば、それは「大正デモクラシー」的なものと同質の基本的人権の尊重を主張していたということである。朝日が政治モデルとした北一輝の『国家改造法案原理大綱』には「巻六　国民の生活権利」として「国民人権の擁護。日本国民は平等自由の国民たる人権を保障せらる」とあった。

そして、当時の政治・経済・軍事の特権階級を激しく指弾《しだん》し、はっきりとした平等主義的な内容が盛られたこの「死の叫び声」は、「人間は人間らしく生きること」とした血盟団員小沼正《おぬましょう》や青年将校運動の草分け西田税《みつぎ》らにつながるものであった。天皇を伝統のシンボルから変革のシンボルへと読み替えることまで含めて、朝日は昭和超国家主義の先駆者なのである。

また「西田のそうした心情の構造は、たとえば日本アナーキズムの掉尾《ちようび》をかざった和田久太郎、古田大次郎らの手記にも通じるもの」があることも橋川は指摘した。西田を介して朝日と大正期のテロリスト・アナキストの和田久太郎、古田大次郎らとの間に通じるものを見たのである（橋川、一一八〜一一九頁、一二九〜一三一頁）。

明治期の青年は、初期から中期にかけての「天下国家」を論じることを生きがいとした「政治青年」や「立身出世主義」青年の時代から、後期になると「個人的問題」中心の青年の時代へと変化したと大きくは見ることができる。その「個人的問題」は「富国強兵」の国家目標が達成されたと受け止められたことからくる社会的弛緩《しかん》・アノミー状態から生み出されたものであった。

後者は、経済的成功を一挙にめざす「成功青年」、明星《みようじよう》派に象徴される「柔弱」な「堕落《だらく》青年」、人生に悩む哲学・宗教的傾向の強い「煩悶《はんもん》青年」の三つの類型に転化していった。そしてこの事態に対応して、明治末期から大正初期には修養団、青年団、大日本雄弁会講談社などによる修養による人間形成を説く「修養」主義文化が展開していく（筒井清忠『日本型「教養」の運命――歴史社会学的考察』岩波現代文庫、二〇〇九年、三〜四一頁）。

明治中期に生まれた朝日は、明治末期から大正前期にかけての青春期にこの三類型と修養主義をすべて試み（成功青年についてはそれほど詳しく触れなかったが、絶えず一挙的成功にかけようとしたところにある種の「成功青年」的なものを感じさせられる)、九州という土地柄から満蒙独立運動など明治前期的「政治青年」的企図を行ないつつ、さらに普選運動・大争議支援・社会的救済事業を行なうなど、結局は大正以降に現れる第二の「政治青年」＝「社会的政治青年」とでも言うべき方向に帰結したのだった。

また、単純なものであり他人の「改造法案」をヒントにしたものとはいえ、暗殺後の社会改造プランが具体的に提示されているというのはそれまでの暗殺事件では考えられないことであり、「社会的政治青年」と名づけるゆえんである。

ただ、さすがに安田を殺害して自決した朝日にはこれだけでは済まされないものもあった。「社会的政治青年」傾向はイデオロギー的にはナショナリズムと平等主義として現れたのだが、そこに伏在する何者にも満たされない傾向は強いニヒリズムを感じさせるのである。朝日の言説によく表れ印象的なのが「天下の事すべて博打《ばくち》なりとの人生観」という言葉だが、これは表面の志向とは裏腹のニヒリズムの表明ではないか。そして「黙々の裡にただ刺せ、ただ衝け、ただ切れ、ただ放て」という言葉のもつ激しい攻撃性とその底に感じられる深い絶望感がさらにそれを示す。

マスメディア時代の暗殺

朝日はすべてにおいてマスメディア時代の傾向に敏感だったが、これも大きな内面的空虚感の一つの裏返しであろう。実現のための粘り強さ・根気強さに欠けてはいたが、朝日にはある時代の方向に沿った着眼点・企画力というものはあった。だから渋沢も動かされたのだ。というより、ある意味ではそれらに「乗せられていた」と言ったほうが正確かもしれない。精神的「内部」が希薄であればあるほど「外部」に侵食されやすいのだ。

朝日に、社会的弱者に対する同情と大富豪への憎悪という時代動向に沿った現状認識があったことは事実だが、その背後に、大富豪攻撃が喝采《かっさい》を浴びることを予期しているというところがあった。マスメディアをしきりに気にしていて、伝記が書かれることまで想定していたことを友人は書きとどめている。そこが、同じように自決していてもどこまでも自分自身と歴史に向き合っていた来島恒喜との違いである。これはマスメディア時代に生まれた朝日には逃れ難かったことなのかもしれないが。その意味では、朝日はいかにも大正という大衆化時代にふさわしい、また現代にも通じるパーソナリティのもち主だったとも言えよう。

何らかの家庭的事情などからくる大きな内面的不幸感・空虚感と、それを埋めるために動員される何らかの社会的政治性（その最大のものは社会的不平等・不公平の指弾）がマスメデイア・大衆社会を意識しながら暗殺対象に集中していく、これが大正期に始まり以降今日にも通じる現代的暗殺の特質になっていくのである。その意味で朝日の事件は現代的暗殺の起点であった。

原敬首相暗殺事件（一九二一年）

遺言状を残していた原敬

内閣総理大臣の原敬《たかし》が一九二一年（大正十年）十一月四日、東京駅乗車口（現在の丸の内南口）で山手線大塚駅職員（転轍手《てんてつしゅ》）中岡艮一《こんいち》によって刺殺された事件。

戦後、原敬は最初の本格的政党内閣を組織した「平民宰相」として昭和軍国主義との対比で評価が高く、傑出した政治家であったことは間違いのないところであるが、大正中期のこの時期は政友会という「多数党横暴」政治の中心的「独裁者」と見られ、新聞などマスメディアによって猛烈な批判にさらされる状態であった。永井柳太郎が「西にレーニン、東に原敬」と言ったが、それは極端な独裁政治を行なっているという意味での激しい批判であった。

当時満鉄疑獄・阿片疑獄などが起きたが、それは原が財閥・政商に有利な政治を行なったためだとされた。さらに野党の提出した普通選挙法案に反対したことも新聞に激しく批判され、一般の人の間に日常的に話題にされる有様であった。それは庶民の間に広く浸透していたと言ってもよかった。

原敬

裁判の際、弁護側は以下のような論述をしている。
「原氏に対する社会の反感は驚くべきほど強きものがあった。其一例を挙ぐれば、山陰方面の某新聞は原首相誅せらると題して号外を出した。四国と九州では号外売りが万才々々と叫んで暗殺の号外を売って歩いた事実がある」（中岡艮一『鉄窓十三年』近代書房、一九三四年、四七頁）
この年、二月二十日、岡崎邦輔と平岡定太郎（内務官僚、樺太庁長官等を歴任、三島由紀夫の祖父）が暗殺の危険性を原に告知、警戒を勧めた。原は「別に注意のなし様も之なし」としたが遺言状を書いたものであった（岩壁義光・広瀬順晧編集『影印 原敬日記』第十六巻、北泉社、一九九八年、二七一頁）。暗殺の危険性・可能性はかなり広汎化していたと言ってもよかった。

裁判の判決文

さて、事件の全体像を知るには裁判の判決が箇にして要を得ているので、まずそれを見ておきたいと思う。橋本栄五郎は犯人中岡艮一を教唆《きょうさ》したとして起訴され無罪となった大塚駅の助役である。

「判　決

本籍及住所：東京府北豊島郡西巣鴨町大字巣鴨二千百五十四番地
　士族　無職　中岡　艮一　当二十年

本籍：宮城県遠田郡涌谷町二百九十四番地
住所：東京市浅草小島町二十七番地
　平民　無職　橋本　栄五郎　当三十六年

上記の艮一に対する殺人、栄五郎に対する殺人教唆被告事件に付き、当裁判所は、検事、猪悦治六、予審審理を遂げ、判決すること次の如し。

主　文

被告人、艮一を無期懲役に処す。

被告人、栄五郎は、無罪。

押収物中、短刀一本（大正十年押第九六一号の二）及海軍ナイフ一本（同号の一）は之を没収し、その他は差出人に之を還付す

理　由

被告人艮一は、大正八年十一月、山手線大塚駅の駅夫と為りたるものなるが、性格が事に感じ易く、熱し易き少年にして、夙《つと》に明治維新前における志士の風を喜び、名を世に揚げようと想った。

然るに大正九年春ニコライエフスクに、日本人虐殺事件起り、又その後シベリヤ撤兵問

題、満鉄重役背任事件、阿片不正事件等相次いで起った。

世論は内閣総理大臣原敬の責任を問い、その施政を攻撃し、原敬は政治力を党利の扶殖《ふしょく》に用いて、国利を重んぜざるものなりとして、之《これ》を非難する者が多かった。

被告人艮一も亦、これ等時事問題に関する新聞雑誌の記事論議等を読んで、原内閣の施政を悪政なりしとし、これを倒さざるべからずと為すに至った。

大正十年九月上旬大塚駅に於て、同駅助役たる被告人栄五郎等と政治を論じ、原首相の政治的地位は牢乎《ろうこ》として抜くべからざるものあるを知るに及び、被告人艮一は、今の国民の多数は等しく原内閣の倒壊を希望するも、その手段がないので苦しんでいるが故に、今被告人にして一身を賭して首相を殺害すれば、原内閣は倒れ、国民は悪政より救われるべく、被告は志士として一世を震撼せしめ、名を後世に残すに足るべしと思惟するに至った。

尚未だ暗殺の決意定まらざりし処、たまたま同月二十八日壮士朝日平吾が、富豪安田善次郎を刺殺して自殺する事件があった。

艮一はその翌日新聞記事に依って之を知ると共に、世の同情善次郎に薄くして、却って平吾に厚きを見て、又被告人栄五郎が之を以て富豪覚醒の端を開くものとして、平吾を称賛するのを聴き、深く平吾の挙に感激し、同月三十日夜、熟慮の末、遂に平吾に倣い、原首相刺

公判中の中岡艮一（右）。左は橋本栄五郎助役

殺を断行することを決意した。

同年十月二日まず同駅附近の金物店より白鞘《しらさや》の短刀一本（大正十年押第九六一号の二）を購入した所、あたかも同夜新聞記事に依り、原首相が信州政友会大会より、同夜十時頃上野駅着の列車にて帰京することを知ったので、原首相を同駅で襲撃しようと、上記短刀を携え急遽同駅に赴きたるも、時遅れてその意を果せなかった

（中略——その後二度の失敗が述べられる）。

越えて同月十一月一日頃、原首相が政友会近畿大会臨席の為め、同月四日午後七時三十分東京駅発の列車に投じ出発することを知るや、前と同様、短刀及海軍ナイフを携え、同四日午後六時頃東京駅に来て、乗車口構内の広場に於て、首相原敬の来るを待受けていた所、首相は同七時二十分頃同所に来て駅長室に入ったので、被告人艮一はこの広場三等出札所附近に佇《たたず》んで之を窺っていた処、同七時二十五分頃、首相が駅長室より出て、改札口に向かおうとして、この広場に差掛るを見たので、突如短刀を抜き、疾駆《しっく》して同首相の胸部に衝突し、その右胸部を貫いて心臓を刺し、よって同人をして心臓内出血の為め、数刻を出でずして死亡するに至らしめたるものなり。（中略）

大正十年六月十二日」

原に対するマスメディア世論がいかに厳しかったかもよくうかがえる文章といえよう。ただ、この判決文を読むと中岡艮一は国士的政治青年というイメージしか残らないが、大正後期のこの時代でもそうなのだろうかという疑念が残らないでもない。

予審判事山崎佐の記録

この事件を知るには、中岡の取り調べにあたった東京地方裁判所の予審判事山崎佐《たすく》の記録に勝るものはない。事件の初期の段階における、取り調べ・捜査側の状況、司法・警察幹部の動き、中岡の意図・本心、マスメディアとの駆け引き、さらには背後の政治状況などが克明に記されているからである。長くなるが以下これを見ていくことにしよう（山崎は一八八八年生まれ、東京帝大法科大学卒、検事・判事・弁護士を経て東大・慶大等講師を歴任。日本医事法制史などの研究で法学博士・医学博士。公安審査委員会委員長・日本弁護士連合会会長などを務めた。毒舌で知られた率直な人柄の人であった〔江尻進編纂・発行『思い出に綴られる山崎佐の生涯』、一九六八年、一八〇〜一八一、三六七〜三六八頁〕）。

（以下、江尻進編纂・発行『思い出に綴られる山崎佐の生涯』一一九〜一五一頁に所収の、山崎佐「原敬暗殺事件と判事」をもとにした。直接引用の際は「」で示した。）

「原首相の暗殺されたのは、今から恰度《ちょうど》三十年前の大正十年十一月四日午後七時二十六分である。その頃の議会では、与党が絶対多数であったことは、先き頃の自由党の過半数などの比ではなかった。与党である政友会員三〇八名に対し、野党の連合軍一三七名という有様である（一九二〇年五月選挙結果は政友会二七八、野党一三九であるが、無所属四七である――筒井）ところに、明哲で剛腹の原首相が傲然と陣頭指揮をしていたので、反対党のモサ連中も、鎧袖一触《がいしゅういっしょく》全く歯も立たないという状態であった。ところが政界は、内政外交共にむずかしい重大問題が続出し、この上は、実力で解決するより外には手段がないというような、何んとなく切迫した危機を孕んでいた。

それで治安方面では、十月下旬からいまわしい流言蜚語《りゆうげんひご》がひんぴんと飛んで、現にその前夜には、野田（卯太郎）逓相が暗殺されたという非常電話が、検事宿直室を騒がして、何んとなく不気味な不安が続いていた。

恰度十一月四日は、予審判事としては私が、検事局では大先輩の猪俣（治六）検事が、宿直当番であった」

予審判事は予審を司る裁判官である。予審は大陸法系の制度で、地方裁判所と大審院の第一審のみにあった。有罪か無罪かを決める刑事公判の前に、公判に付するかどうかを決めるための必要な事柄を取り調べることを目的とした制度であった。捜査手続の一環とも言えるが、日本では戦後廃止された。フランス・イタリアなどには現存する。

山崎は銀座で夕飯後、七時近く宿直室に帰ったところ、猪俣検事は日比谷公園の松本楼にいるという伝言を受け、出かけるつもりで宿直の風呂に飛び込んだ。「とたんに公衆電話と警視庁と警察署と三本の電話のベルが、一度にけたたましく鳴った」。

「私は風呂から飛び出し、腰にタオルを巻いて、一本の電話器を執ると、

『今、東京駅で、原首相がやられて、犯人は日比谷警察署に連行してありますから、すぐ出張して下さい』というと、すぐ電話が切れた。（中略）書記に

『自動車の用意』といったところ、書記は、『今夜築地の精養軒で平沼（騏一郎《きいちろう》）新大審院長の新任の披露会があるので、平沼さんが乗って行っている』

『誰が乗って行っても、すぐ自動車を引き戻せ』と重ねて命じた。その頃裁判所には、自動車はまだ一台しかなかったので、それを使うより方法がなかったのである」

それから、裁判所裏の官舎に、一カ月前から病気で休んでいた岡判事を訪ね、「第一の報告があったら、直に各宮家の警衛について、（中略）第二段の報告があったら、（中略）軍隊の出動を要請する（中略）という趣旨の打合せをした」「当時の世相としては、そう考えるのが、当然でもあったろう」「官舎から宿直室に戻る途中、街の方から号外売の鈴の音が、盛んに聞えて来た」。

猪俣検事を待っていると、「裏口から誰か、いきなり大声で、『今夜の宿直は誰か』と怒鳴りながら靴のままで畳の部屋に入って来た。見ると、平沼新大審院長で、その後に山岡（萬之助）監獄局長がついていた。私は、『検事は猪俣検事、判事は山崎私です』と大声で答えた」。

平沼は、大審院長なのに検事総長と思い違いをし、新聞記事の差し止めを命じるので山崎は「院長！　大審院長になられたので、新聞記事を差止める権限はないでしょう」と返答。平沼は「そうだ」と言った。

平沼は、「司法部内でも、日頃から氷のようにすみ切った、冷静そのものであると聞かされていたが」、「今晩は、俺の方が落ちついているぞ、この調子ならば、この大事件も、何んとかこなせるだろう。何んとしても、落ちつけ、落ちつけ、落ちつくのが一番大切だ」と山崎は自分自身にいい聞かせた。

外から戻ってきた猪俣検事を自動車で先に行かせておいたところ間もなく猪俣検事から電話がかかってきたので平沼に、

「予審請求がありましたので出かけます」と挨拶し、自動車を日比谷警察署に飛ばした。平沼は出発時「ここにいる」と言ったが、「予審判事は大審院長に、報告する義務もなければ、また報告した先例もないので、私としては、報告すべきではないと考えている中に、警察署についた」。

中岡艮一への訊問

日比谷警察署は、有楽町駅前にあった。

「私が駈けつけたときには二階の講堂の真中の小さな机に向って、犯人が悄然《しようぜん》と腰かけ、机をはさんで私のためのイスと、そのわきに書記のイスが置いてあった。その右には猪俣検事がおり、そのわきに岡警視総監、正力（松太郎）官房主事と当時名刑事として評判の高かった小泉捜査課長以下市内各署の署長が押合って並んでいた。

また平沼院長の披露宴の最中に、自動車を取り戻したので、すぐさま、この事件が知れ渡ったのか、その宴席に居合せた鈴木（喜三郎）司法大臣や検事総長を始め（山崎の記憶違い。司法大臣は大木遠吉、鈴木は検事総長─筒井）司法省検事局の人々と、裁判所側では牧野（菊之助）控訴院長を除く長官という長官は、すべて私のイスのうしろから左側に雲集して、文字通り綺羅星《きらほし》の如しという有様であった。犯人のうしろの聴講用のイスには、市内各署の司法主任と腕ききの刑事が一杯に構え、座席がなくて、立っているものも少くなかった」。

中岡は「顔面蒼白、目をつり上げ、肩を張り、「うつろ」で緊張しているが、「私は、この様子を見て、今なら犯行を自白するなア、この心機を逸してはならぬ、と直感した」。

「名まえは」

「中岡良一こと艮一」

「人を殺したそうではないか」
「ハイ」
「何処で」
「東京駅で」
「誰を殺した」
「原総理大臣を……」
「原総理大臣であることを、承知してやったのか」
「そうです、前からねらっていたのです」
「どんな方法でやったか」
「短刀で突き刺しました」
「どこらを突き刺したか」
「総理の胸を刺しました」
「たしかに胸を刺した覚えがあるのか」
「短刀を私の胸にあて、そのまま総理をだくように体あたりをしたので、胸にさした、間違ありません」

「その短刀は、誰のだ」

「私のです」

「誰からか貰ったのか」

と共犯関係をさぐろうとしたところ、

「イエ、私が買ったのです」

「原総理は死んだと思うか」

「ハイ」

「短刀が根元まで、突き通ったのが、判ったか」

「判りました」

「どうして判ったか」

「短刀の柄を握っていた右手が、総理の胸に当ったので、刃は、全部突き通ったと思う」

山崎はこの問答によって中岡の犯行当時の意識が極めて明瞭で、精神に全く異常がなかったことを、確かめたのだった。

続いて以下のやりとりがあった。

「短刀を胸にあてたまま総理に体あたりしたというが、さようなことは、前から考えていたのか」

「二、三ヶ月前からです」

「二、三ヶ月前に、そんな決心をしたとすると今日まで、相当長い期間になるが、その間、誰かと相談したか」

「一寸、話したことがあります」

これは共犯関係又は背後関係をたぐるのに重大と山崎は考えたので、矢つぎ早に続けた。

「それは誰か」

「私が勤めている大塚駅の橋本助役です」

「橋本助役だけか」

「そうです」

斬奸状と艮一の日記

それからジャックナイフは自殺するための用意であったことなどを審問した後、

「斬奸状を持っていたそうではないか」

「ハイ」

斬奸状は、山崎がこの原稿を「原敬暗殺事件と判事」と題して『特集人物往来』昭和三十二年十月号に発表した際に、写真が掲載されている（一六九頁）。

「斬奸状　内閣総理大臣原敬　就任以来政道を掌どるに私慾をはさみ　己の利す処に万民愁苦を顧みず　列国の笑侮を悟らず　その罪救う可らず　若し唾手（勇み）以てこれを誅鋤《るいじょ》（根絶やしにする）せずんば、何時の日か天日を仰れん　憂国の士　中岡良一」。自筆のものか写しかはわからない。中岡良一とあるので疑う人がいるが、すでに見たように艮一は、「中岡良一こと艮一」と言っている。また、内容が高等小学校中退の艮一にそぐわないというような疑問は、山崎の取り調べを読んでいないものと思われる。

「この文は誰が作ったか」
「自分で作りました」
「この文章は、被告一人の知識のようには思われないが、それは相違ないか」
「私一人で、色々の本を参考にして作ったのです」
「この中の誅鋤《ちゆうじよ》という字句は、普通の人は知らぬ字だが、これは誰かに教わったのであろう」

「首相を暗殺しようと決心してから、昔からの暗殺に関する本を、色々読んで研究したのです。短刀を選んだのも、本を読んでからです。誅鋤という字は雲井竜雄の斬奸状の中にあったので、それを使ったのです」

「それほど、いろいろの本を読んで研究したほどであるなら、日記をつけているだろう」

「以前から、毎日、日記をつけているので暗殺を決定したことも、前に失敗したことも、今日のことも、その都度、日記につけています」

「その日記は、今何処にあるか」

「自宅の私の机のひきだしの中に入れてあります」

山崎は「この日記は重要な証拠であるので、どうしても押収しなければならないと考えた」。

それから山崎は動機、原因について訊ねたが、あまり要領を得られないので、後は翌日回しとした。共犯関係、背後関係、思想関係については、相当突込んでみたが、「なさそうだという程度」であった。「当初心配したような警戒をする必要はなかろうということになった」。

午後八時過ぎに始め、終ったのが夜中の午前二時二十分、正味六時間以上となったので、被告を休ませ食事させ、翌日午前十時に再開することになった。

家宅捜索で行方不明の日記

その後、小泉捜査課長を呼んで、中岡の言った関係者六人の手配を確認し、家宅捜索を行なうために書記に「すぐ気象台へ電話して、明日の日の出は何時か、正確な時間を訊いてくれ」といいつけた。

そこへ、鈴木検事総長が、大勢を連れて入って来たので山崎らは、立上って鈴木検事総長に敬意を表すると、検事総長は山崎を抱いて、

「よくやってくれた。あれで大体わかった。これからも徹底的にやってくれ。どんな問題が起っても、俺が責任を負う。時にすぐ家宅捜索をやってくれ」と非常な御機嫌で言う。

主任検事を差し措いての山崎への要求だが、山崎は「明朝やります」と答えた。

すると検事総長は、「イヤ、すぐやり給え」と言う。

「イエ日の出前、日没後は、やれないことになっておりますので、今明朝の日の出の時刻を気象台へ問い合せたところです」

「そんな馬鹿なことがあるものか、この大事件だ、夜中でも構わぬ。直ぐやり給え」

「しかし訴訟法で、そうなっているから仕方がありません」

（山崎の註「当時の刑訴は、原則として日の出前、日没後は家宅捜索はできないことになっていた」）

鈴木は「オイ、林君（頼三郎、当時刑事局長、現中央大学総長）豊島君（直通、当時大審院刑事部長〈正しくは東京控訴院検事長―筒井〉）主任判事は、夜中、家宅捜索はできないといっているが、そんな馬鹿なことはない。どうだ、一つ調べてくれ給え」と、後についていた林・豊島に声をかけた。

二人は、当惑して六法全書を見ていたが、山崎は、

「今すぐ家宅捜索をしなくとも、適当の処置をしますから御安心下さい」と言ったところ、鈴木は納得して、

「そうか、しっかりやってくれ給え」

と言って、大勢を連れて出て行った。

山崎も、猪俣・岡総監と共に、総監の自動車で警視庁に向った。日比谷公園を少し過ぎたところで、岡総監が帽子と剣を忘れてきたことに気が付いたが、そのまま警視庁に向かっ

た。「流石の総監も余程あわてていたものと見える」。

　総監室に入ると、直に小泉課長を呼んで、

「大体の筋を知っている者に、私の手紙を持って、宮内（総太郎）予審判事の宅へやって、気象台に訊ねたら明日の日の出は五時何十何分ということであるから、その時刻に、被告の宅を捜索して貰いたい。それまで誰か四、五人やって張番さして貰いたい」

と依頼。すると小泉捜査課長は、

「既に四人やって、家宅捜索のすむまで、周囲を張番さしている」と言って、明朝の捜索を引き受けた。

　その手紙は、家宅捜索の依頼だが、山崎は言うまでもなく「特に被告の日記がある筈だから、是非探して貰いたい」と書き添えた。

「ところが、その捜索の結果、重大のことが起った」ということになるのだが、その重大なことの前に、総監の進退のことがあった。

　山崎が総監室のソファーに横になっていると総監が机で書いたものを持ってきて聞いた。

「進退伺を書いたが、これでよいか、聞いてくれ」

　山崎は、それを聞いて、

「総監、この責任は、伺わなければ、わからないですか」と言った。総監は山崎を見つめて、

「……」

山崎が「この位、責任がはっきりしていれば、伺うまでもないことでしょう。辞表を書くべきでしょう」と言うと、総監は黙って机に戻った。

山崎は後年、「何のつもりで、そんなことをいったのであろうか。その頃の世情は極めて急迫していたので、原幕下の四天王の一人と評判されていた岡総監としては、もっと護衛の仕方があったであろうという義憤的な考からであろうか」と書いている。

二時間ほど寝たと思ったら、猪俣検事が真ん中の大きな机に、小泉課長や係長以下数人を集めて、これからの捜査方針を協議していた。山崎も起きて、その中に加わった。

「小泉課長から、『被告の自殺を防ぐために、ひそかに、気のきいた刑事を一人、他の事件の被疑者のようにして、予め入れて置いた部屋に、中岡を入れて、（中略）色々話して見たが、余り深い共犯者はいないようだという話があった』との報告があった」

こうする内に、宮内判事が家宅捜索から帰って来て、「被告の日記については、机の抽出は勿論、家中くまなく厳密にさがしたが、遂に見当らなかった」との報告があった。「私は

愕然とした。若し共犯者があって、それが捜索前に持ち出して隠してしまったとすれば、事犯の真相をつかむことができないばかりでなく、私自身にとっても重大な結果となる」。

鈴木検事総長があれほど「即刻家宅捜索をしろ」といったのに、山崎が頑固に拒否してこうなったのだから「若しあの時すぐやればよかったろう。いうことを聞かなかったからこんな不始末となったのだ」と責められても一言の申し訳もないこととなる。

「ヨシ、このままには捨てておけない。必ず自分の努力で、発見して見せる。また発見しなければならぬのだ」

と山崎は固く決心し、留置場で被告に会って、日記の所在をたしかめた。しかし、良一は「昨夜述べた通り、日記は、自分が家を出るときたしかに机の抽出しに入れて来た。家人は……母親でも弟でも……今まで一度も、私の机の抽出を開けたことはないので、必ず入っているに相違ない」と断言し、「また私の日記のことは、母親も知らない」と附言した。

ところが、「その入っている筈の日記がない」というのだから山崎は悄然として、部屋に戻って居合わせた人たちに、

「こんな次第だが、この日記は、私の責任で必ず取戻すから、暫く私に任して置いてくれ給え」と言った。

だが、心の中では、「昨夜は、人の進退伺を笑ったが、今日は、愈々《いよいよ》自分の辞表問題だ」と「自嘲しながら考えた」。

日記を持ち出した二人連れ

「そこで昨夜、小泉課長の注意で、張番していた刑事に、その時刻を訊ねたところ、『大体昨夜十時頃から、今朝、家宅捜索の済むまで家の周囲を厳正に張番していたが、誰も出入する者がなかった』とのことである」。そこで「若し誰かが日記を持ち出したとすれば、被告が家を出た午後五時頃（この時点での推測―筒井）から、張番した十時までの間に相違ない。たとえ母親が、日記を知らなかったとしても、その間、誰か、艮一方を訪問した者があったに相違ない、これを母親に訊けば、持ち出した者が判る」と思いついた。そこで早速母親を調べている小泉課長の部屋に行って、

「一寸、母親を貸してくれ給え」

と断って、母親に、

「艮一が、大事件をしでかしたことを知っているか」

と訊ねた。母親はうなだれていたが、かすかにうなずいた。

「どうして知ったか」

「新聞社の方が来て、話されたときには、本当だと信ずることができませんでしたが、くわしく話されて、始めてそうかと思いました」

「何新聞社の人か」

「日々新聞（今の毎日新聞の前身で、東京日々新聞といった）といったかと思います。名刺を貰いました」

「一人で来たか」

「二人でした」

「艮一の部屋に行かなかったか」

「倅《せがれ》の部屋に行ったように思います」

「その記者は、艮一の机の抽出を開けて見なかったか」

「ハイ、艮一の書いたものを、色々さがして見ていました」

「艮一の日記帳を出して見なかったか」

「ハイ、何か、手帳を出して見て、日記だといっていました」

「その日記は、どうしたか」

「その手帳を見ていましたが、暫《しばら》く貸してくれといいましたので、承諾すると、そのまま持って行きました」

「その記者が日記だといって手帳を持って行ったに相違ないか」

「間違いありません（中略）」

こうして、「忽《たちま》ち日記の行衛がわかり」、山崎は「新聞記者のス早さに驚歎した」。「また日々社のような大新聞社で、大切に保管するようになったのは、なまじ被告の家にあるよりも、却って安全であるかも知れない」と考え「とにかくこれでホッとした。が、しかし新聞社から、これを取戻すにはなかなか骨が折れた」。

かくして、この事件の犯人中岡艮一の思想的背景、動機、共犯者などを知るための最も重要な手がかりとなる資料・日記は東京日日新聞社が警察・司法当局よりも早く持ち去り確保していたことがわかったのである。刑事訴訟法通りに厳格にリーガルな執行をしていた警察・司法当局と、それを上回る新聞社の敏腕ぶりに驚かされよう。

ただこの点については、母親の記録もあるので見ておこう。それによると、十一月四日晩方、針仕事をしていて号外を聞いたところに、艮一の友人が大塚警察署長と書記を案内して来訪、彼らは家宅捜索を始め、机の抽斗から遺書四通を発見。母宛ての遺書を読みだしたところに、戸障子が破れんばかりに二、三〇人の判事・検事・新聞社の人達が乱入してきた。
その後日比谷署・警視庁に自動車行列で連れて行かれ、夜中まで調べられた。午前二時に「自家につれ帰されて、また縁の下から、糠味噌のふたまで取って、中をかきまぜての御捜索でした。床の下は大きい懐中電灯をともして、土を掘り返したりなされました。日記帳や手紙位で、別に何も無かったようで、また自動車行列で警視庁に引きかえしました」とある（中岡信子「號外の音に心臓が慄えた十三年」、中岡艮一『鉄窓十三年』、二八八～二九二頁）。

このうちかなりの部分は事実とは異なるものと見ざるを得ない。新聞社の人間が来て持って行ったことには全く触れられず、警察は徹底的に調べて日記を確保したということを強調しているからである。最も重要な日記を「日記帳や手紙位」（は確保した）と書いているのはかなり巧妙ともいえる。警察が日記帳を新聞社に押さえられたという事実を隠蔽した方が艮一には有利だったからと思われる。後に述べるが、やはり新聞社に押さえられたことは警察の大きな失態だったのである。

東京日日新聞のスクープ

次に新聞社側の証言がある。

実は、「犯人中岡の住所が発表されたとたんに、東京日日新聞編集局で、名社会部長として鳴らしていた小野賢一郎は『中岡の自宅を洗え』と社会部の岩瀬又吉記者に命じ」ていたのだった。

「岩瀬は、居合わせた整理部の門田武雄記者とつれ立って、西巣鴨の中岡宅に飛んだ」「岩瀬又吉記者は、『又さん』と愛称されていた、大酒飲みの、痛快な記者だった。同行した門田武雄記者は、後年、城戸社長派の記者が総退社した城戸事件のとき東京日日をやめ、読売新聞の整理部長として入社し、正力松太郎経営の読売が、東京都内第一の発行部数までノシ上がったのに、大いに貢献したといわれるほどの、型破りの、派手な紙面をつくったもので、編集局次長になった後、敗戦後の占領軍パージで追放の目にあった」が、後年も読売関係の事業に関係し活躍した人であった。

門田は当時のことを、次のように語っている。

「あの日、首相官邸詰めの記者が、『たいへんだ、たいへんだ、原首相がやられた』といって、編集局にかけこんできた。小野社会部長が、側《かたわ》らにいた又さんに、すぐ中岡の家にいけと命じて、私に『お前も行け』といった。私はその年に東大を出て、入社したばかりの新米だったが、又さんにくっついて、特別に、自動車で西巣鴨にとんだ。又さんは、こういう事

件には馴れたもんで、

『警察のもんだよ』

という振れこみも、堂にいっていて、中岡の母親を煙にまくと、ガサガサ机をかきまわして、日記帳などをみつけると、サッサと引き揚げてしまったのだよ。

あとで、相当に特ダネ記事を書いていたね」。

すなわち、「岩瀬は（中略）警察をよそおって家内に上がりこみ、艮一の机のまわりをかきまわして、日記帳や、愛読していたらしい伊藤痴遊《ちゆう》の『明治裏面史』その他目星いものを持ち帰ってしまったのであった」（以上、長文連『原首相暗殺』図書出版社、一九八〇年、八五～八七頁）。

山崎の記述の母の証言では、新聞社を名乗ったことになっているが、ここでは「『警察のもんだよ』という振れこみも、堂にいっていて」「警察をよそおって家内に上がりこみ」となっている。わざわざ警察をよそおったなどと虚偽を書く必要はなく、新聞社側の証言が真実と考えるしかなく、母の証言には疑念が残るのである。

ともあれ、「新聞社から、これを取戻すにはなかなか骨が折れた」という本題に進もう。

二、三日後、山崎は、東京日日新聞社の編集局の人に予審室に来てもらい、「日記は、どうしても必要であるから提出して貰いたい」と、交渉したところ、「社に帰って相談して返事する」と言って帰った。

翌日、「社で相談したところ、あの日記はいづれ記事差止が解除されたとき、特ダネとして発表したいので、その準備中であるから、暫くお返しはできません」との返事であった。山崎は「すぐ編集局長に来て貰いたい」と言った。ところが、翌日になっても局長が来ないので、山崎は書記に、「出頭してくれなければ、正式に召喚状を出さなければならないことになるから、とにかく来て貰いたい」という電話をかけさせた。

すると、編集局長がようやくにして来たので、「あの日記は、事件の審理には、絶対に必要の証拠品であることを説明して、速刻、提出して貰いたい」と話した。しかし、編集局長は、「自分たちが先に手に入れたものであって、社としても是非必要のものであるから、今すぐ提出はできない」と言って承諾しなかった。互いに押し合っている中、局長が「あれは母親から借りて来たもので、母親に返す約束になっている。(中略) いづれ母親に返すからその後に提出さしてくれ」と言い出した。

そこで山崎も、「あの日記は被告の所有物で、被告自身が見てくれといって、裁判所に提出することを承諾しているので、新聞社が直接裁判所に提出したために、母親に返せなくな

って も、母親が文句をいう筈なかろう。すぐすなおに提出して貰いたい」と言い返し、互いに同じことをくり返していたが、結局局長は、「一応社に帰って相談して明日返事する」と言ったので山崎は、「審理の進行の状態からして、あの日記は一時も早くいるので、明日は確答して下さい。私も腹をすえて、御返事を待っています」

と言って、返事の時刻を決めて別れた。

翌日約束の時刻に、編集局長の代理という使いが来て、色々相談したが、結局、「すぐ提出はできない」という返事になった。

山崎が「私としては新聞社の社会的性格からして、職権など振り廻したくないので、遠慮していましたが、こうなったからには仕方がありません。家宅捜索をして押収しましょう。そのようにお伝え下さい」と述べたところ、新聞社の使いは、

「湮滅《いんめつ》したのではない。大切に保管してある」と言う。

山崎が「イヤ、刑法では湮滅という文句を使っているが、これは決して滅失というような狭い意味ではなく、判決例も学説も、今度のような場合を包含するということに一致している。私も同様に考えるので、立派に証拠湮滅罪が成立しています」

と言うと、使いはそのまま帰った。

そして午後一時半頃、その使いがまたやって来て、

「社に帰って、重ねて協議した末、裁判所がさほど必要であるならば、提出することになって、持参した」「日々社としては、以後この日記には一切関係がないことにする」

と言って日記を差し出した。

「かくて午後三時にやるはずになっていた日々新聞社の家宅捜索はやらずにすみ、始めから問題になっていた日記もこれで一切終了した」のだった。

これを東京日日新聞社サイドから見ると以下のようになる。

「予審判事から、『中岡の日記帳は重要な証拠物件だから、捜査当局へ渡してもらいたい』とのかけ合いをうけた東京日日では、編集主幹が、新聞界の大ものといわれ、のちに東京日日の社長になって、一時期を画したほどの城戸元亮だったから、おいそれと、予審判事の要求に応ずるわけがない。相当に揉みに揉んだうえ、やっとのことで、日記帳その他を、当局の手にとり戻してみたものの、東京日日では、中岡が、女性関係の事柄を記した部分だけを綴り合せて、『恋の艮一』と題するつづきものを掲載して、スクープ記事にしてしまった」

（長、八六頁。「東京日日の社長」は正しくは「大阪毎日新聞会長」）

東京日日新聞社は、艮一の日記を警察より早く確保、証拠品だから出すようにという予審

判事の要求を拒み続け、数日間コピー・写真撮影に努め、家宅捜索令状が出そうになってやっと提出したが、スクープ連載記事にしてしまったのだった。新聞・マスメディアの力が当時いかに強かったかわかるであろう。

明かされた原首相殺害の真因

それにしても、原敬首相暗殺犯の日記のタイトルが「恋の艮一」とはどういうことか。この事件の犯人の実相を初めて知ったのは日記を読んだ東京日日の記者たちだったが、これでは日記を容易に手放さなかったのもある意味当然かもしれないというような意想外の内容であった。予審判事山崎はそれを翌日の取り調べで知ることになる。山崎の回想に戻ろう。

翌日、早朝から山崎は、日記のことで前に述べた通り忙しく過ごすうちに、被告と約束した十時になったので、地下の調室で被告に、第二回の訊問を始めた。

山崎は、昨夜訊き残した犯行の動機原因、背後関係、共犯関係の真奥を解明しようとして、いろいろ持ち出して訊ねたが、中岡は、「憂国の志士気取りで天下国家を論評し原内閣の秕政《ひせい》を非難したり軟弱外交の攻撃など、大言壮語するばかり」で、乗って来なかった。

その内に、中岡は、年に似合わず、相当に漢字の素養のあることがわかったので、漢字の修養について訊ねたところ、次のような答えであった。「実父は早く死去したが、土佐の低い藩士で、その性格は不羈狷介《ふきけんかい》、家人に対しては頗《すこぶ》る厳格で、幼少の被告に対しても、少しも仮借せず、小学校から帰ると、日課として漢文の素読を教え、中学に入った頃には日本外史、三国志又は詩文集など好んで悲憤慷慨《ひふんこうがい》的なものを教えて、小学、中庸、論語、孟子などの倫理的なものは、殆《ほと》んど教えなかった」。このため「早くから時事を慷慨する性格が涵養されて来た」ことがわかった。

そこで山崎は考えた。「このように国士的な風格に自尊してその殻を固く守っている者は、真正面から、如何《いか》にぶつかっても、その殻を脱して、本心を吐露するものではない。この上は、一つ怒らして、心のバランスを失わさせ、これにつけこんで本心を吐か」そう。これは「こんな場合には、よく用いる手である。そこで、こちらは極めて平静に構えながら、被告を一つ怒ら」せることにした。

「この頃、どんなものを読んでいるか」

「（中略）講談本がすきです」

「天下の志士を以て任じている君だから、もっと気のきいたものぐらい読んでいるかと思ったら、何んだ、講談本か、つまらぬものを読んでいるのだなア」。こう言うと「憂国の志士

が、非常な侮辱を受けたものと思ったのであろう、案の定、忽ち真赤になって、」中岡は山崎の狙い通り、

「何んです、講談本が、つまらぬというのですか」

と大声で反抗的に出て来た。山崎は「ここで怒らして、本音を吐かしてやろうと考えた。

『余り詰まった本とは、いえないやネ』

と、聊《いささ》か冷笑的にいったら、被告はますます真顔になって、

『こんな本でも読み方です。私は講談本を批評的に見ているのです。殊に時々原稿を出しているので、特に関心を持っているのです』

と弁明した。

この『時々投稿している』ということは、全く予期していなかったので、この点を今少し突き進めたならば被告の国士気取りの自尊心も、文学青年というところから温醸されているのではないかと考えた」。

「ホー、原稿を送ったか」

「映画のドラマの懸賞です」

「それはいつか」

「去年の秋です」

「いくらの懸賞か」

「一等が五十円、二等が三十円でした」

ここである刑事が、調室のドアを開けて、

「判事さん、お昼です」

と言ったが、山崎はそれに答えず、訊問を続けた。

「懸賞に当選したか」

「だめでした……が、しかしその後も出しました」

「それはいつか」

「今年の五月、外の雑誌の懸賞に出しました」

「それはどうなったか」

「それも駄目でした。……しかし、全然見込はないと思っていません。……その後も新しいドラマの構想をねっています」

こうして中岡が、「国士風な見栄をすてて赤裸々な身上話をするようになって、取調べが漸く本調子になっている」と山崎が考えていると、また先ほどの刑事が入って来て、

「判事さん、皆さんが、お待ちになっていますから、どうぞすぐ昼食においで下さい」

と言う。山崎はそれに振り向かず、

「わかっている。どうぞお先きにやって下さいといって下さい」

と答えて、さらに続けた。

「君はドラマが好きか」

「ハイ」

「その外にも、何か書いたことがあるか」

「ありません」

「それを、どうして懸賞だけに書いたのだ」

中岡に「『とんだことをいってしまった』という風な狼狽の色が、アリアリと顔に浮んだ」ので山崎はそれを見逃さず、「突込むのはここだ」と考えた。

「どうしても金が欲しかったのであろう」

「……」

「ドラマも好きだろうが、懸賞金がほしくて投稿したのだろう」

「……そればかりではありません」

「それならば、外にも何か書きそうなものではないか」

「……」

「どうだね、何か、金の必要があったのだろう」

そこへまた同じ刑事が来て、

「判事さん、鰻《うなぎ》が冷えますから、すぐおいで下さい」

と言う。山崎は、「折角急所を突いて、調子よく進んでいるところを、鰻飯などで、腰を折られたので肝癪《かんしゃく》にさわったのであろうか、すぐ大声で、

『こっちへ入り給え』

と怒鳴りつけたので、刑事が入って来た」

「鰻が冷える！　それが何んです。この男は命がけで総理を暗殺したのだ。今それを調べているのだ。被告が命がけなら、こっちも命がけでなければならない。鰻飯の冷えることなど問題ではない。昼飯の一度や二度ぐらい食わなくとも、一向差支ない。僕は昼飯を食わないから、みんなにそういってくれ給え、もう催促に来ないでくれ給え」

と怒鳴りつけた。

すると「机の向う側に腰かけていた被告が、突然立ち上って、飛びつくように私に抱きつ

いた」。

「『判事さん、すみません、私はかくしていました。申しわけありません。判事さんの心がよくわかりました。包みかくさず一切申し上げます……』

と私の胸に顔をつけて泣くのであった。私は被告の肩をなでながら、

『マアよい。そう亢奮《こうふん》するな』

といって被告席に腰かけさせ、

『昼飯ぬきだア、お茶でも飲んで、ゆっくり聞こう……』

というと、被告はコックリ、コックリとうなづいて、

『すっかり申あげますから、お聞き下さい』

と前置きして語り出した。その態度は、昨夜からの国士風の緊張は、全くなく、唯一人の青年として、少しのわだかまりもなく、静かに話し出した。

それによると、被告は、以前、神田の或る個人経営の印刷所に勤めていたとき、その主人の娘を恋し、その歓心を得ようとして、色々苦心しているうち、その娘は映画が好きなので、僅かな給料の内から、一、二回見物に誘って、その批評をした際、自分は文学的才能があるように吹聴した。それで娘は非常に感心して自分に好意を持つようになったが、薄給の

一職工では、そう度々誘うこともできず、若し映画のドラマに当選すれば、文才も認められるし、また金も入って一緒に見にもゆけるという考えから応募してそれを自慢気に話したところ、落選してしまった。

しかしその娘には、それを内密にして、まだ当選はきまらないとごまかしていたが、娘は外にも男の友達ができたようなので、少しやけ気味となって、その印刷所から暇を貰い大塚駅にかわった。

その後も時々訪問している中、娘が偉い人物だと感服することをやれば、娘の心も必ず自分に向くだろうと考えて、第二回目の応募をしたが、これも落選したので、最早世の中には望みがないような気持となった。自分は、時事問題が好きであるので、日頃から新聞も社会面より政治面に興味を持って読んでいたが、毎日の新聞に原内閣の秕政が盛んに攻撃されているので、大いに同感し、いつも自分を可愛がってくれる橋本助役が『口さきばかりで憤慨しても駄目だからやめろ』といったので、自分はそれに反抗する気持になって『口さきばかりではない、その中やっつけるつもりだ』といった。すると助役は『本当にやるものはだまってやる。そんなことをいう奴に、何ができるか』と冷笑されたので『よし本当にやって見せるぞ』と暗殺を決心するようになった、と機微な心理の過程につき細々と語った。

こうすらすらほぐれたのは、鰻飯一件のためで、かくて本件の真相が漸くわかった」（なお山崎は「以上叙述したところは、本件の予審調書と私の日記とを綜合しながら、犯行の起った十一月四日午後七時半から翌五日の正午までの大体の経過につき思い出るままを記述したものである」と著している。）

艮一の生い立ち

こうして捜査当局の側にも犯行の真因がわかったのである。さて、そうすると、次に艮一の日記を公にした「恋の艮一」を見ていかなければならないが、その前に、ここに至るまでの中岡艮一の軌跡を見ておくことにしよう。

中岡艮一は一九〇三年十月十二日に古河の足尾銅山の木材主任をしていた父精《くわし》の長男（三男一女）として生まれた。祖父藹《くわし》は土佐の出身で、一八九〇年四月四日の官報には治安裁判所判事をしていることが出ているが、一九〇五年、木更津区裁判所監督判事をしながら六十八歳で老判事として亡くなっている。

父精は、一八九四年独逸《ドイツ》学協会学校を卒業し足尾銅山の木材主任を七年間ほどしていたのだが、仕入係に不正があるのが「気に入らず、融通が利かぬので」やめ東京市土木課に勤めた。半年後に前の職場の仕入係に不正疑獄が起き帰任の話もあったが東京市に勤め続け、字をよくしたので辞令書きとなった（中岡、三〇六〜三〇七頁）。しかし、肺病となり辞めた後、一九一六年肺病で四十五歳で亡くなっている。

事件の時に新聞に出た艮一の祖父の友人の談によると、精は「非常な感情家で、時には自省がないのかと思わせられるような行動があった」「いろいろのものに手を出したらしいが、一向にこれといって仕上げたことのない人で、そのうえ放蕩ものであり、狂的とも見える人物だった」。妹二人も兄に似ており、「艮一の暴挙も、こういう三人の血を引いた結果ではなかろうかと思います」という（『東京日日新聞』一九二一年十一月六日、中岡、三〇六頁）。

今日からすると問題のある言い方で、当時事件を起こすと親などはこういう風に言われたりすることが多いのだが、妻（艮一の母）は、夫は頑固だったが人のために尽くすことが好きな性質で、親譲りの財産も「人のために使い果したような訳でした」という（中岡、三〇七頁）。何かに熱中しやすい傾向があった人のようだ。

艮一自身は、父の自分への教育について「厳格であった」としている。市内の小学校に転じたが市内でもわざわざ遠い相生小学校に艮一を入れたのは、校長が乃木式教育家として知られた人で、冬でも足袋《たび》、襟巻を禁止していたからだったという。大雪の日、艮一が登校途中に転倒して帰宅し学校を休むと言うと、先生宛ての「訓戒」要請の書面を強引に持たされ強制的に登校させられた。また、子供の間で流行した遊具などは一切買ってもらえず、勉強の邪魔になると見られたものは焼き捨てられるなど非常に厳しかったという（中岡、一四七〜一四八頁）。

そして暗殺事件との関連で注目されるのは、第一回の法廷で中岡が次のように述べていることである。父親精は厳格で、「幼少の頃、一時間も自ら自分の手を取って習字を教えて呉《く》れました」。漢書を多く読み聞かされたが、それは中国の「詩文や水滸伝、太平記、十八史略等でありまして（中略）四書五経等は読み聞かされませんでした」。維新の「志士国士」の話があったが、さらに「西野文太郎、伊庭惣太郎（正しくは伊庭想太郎—筒井）、来島恒喜等の話を聞きました」という。ただ、裁判長が、これらに「感化を受けたか」と聞くと「判りませぬ」と答えている（前坂俊之監修『犯罪研究資料叢書③殺人法廷ケースブック（三）』皓星社、一九九六年〈石渡安躬『断獄実録第三輯』松華堂、一九三三年の復刊である〉。「星亨暗殺事件」と本事件が収められているが、星、原、中岡とも仮名となっている。以下、「実録」と略記。一五四〜一五六頁）。

艮一の硬派的パーソナリティの部分はこうして形成されたことがわかり、またこの三人を軸とした明治暗殺史は硬派的父親の家庭では一つの「教養」となっていたこともわかる。しかし、「幼少の頃」のことであり、この後の成長を見逃してここからのみ艮一という人間を判断すると事態を見誤ることになるであろう。

こうした厳しい教育のせいか五年の時に優等で賞状をもらうなど学校の成績はよかった。母親も「一番」だったと言っている。

しかし、「おとなしい子ではなかった」と艮一自ら書いておりかなり反抗的であったと見られる（中岡、一四六〜一四九頁）。「子供の時から悪戯者でよく父に殴られた」と、近所の人も語っている（『朝日新聞』一九二一年十一月五日）。

その後、父が病気で市役所を辞めたので家計が苦しくなり、時習高等小学校高等科一年、十四歳の夏に中退し、親戚島連太郎の経営している印刷会社三秀舎に見習工員として入り夜は神田の夜間に通った（中岡、一四九頁）。三秀舎の初代社長島連太郎の妻寿子は、艮一の母信の姉であった。

一九一六年十二月、父が死亡。続いて一九一八年三月、弟東二が死亡した。弟の死後、艮一は父と弟の死に人生を悲観して剃刀自殺を図り、見つけられてやめている（実録、一五〇〜一五一頁）。感受性が強く、生きる意志が弱かったことがわかる。漢文で培われた硬派的素養ではこうした内面的・人間的危機は持ちこたえられなかったのであろう。

文学に耽る艮一

艮一が住み込んだ三秀舎の初代社長島連太郎は近代日本印刷史に残る人である。正しくは嶋連太郎といい、福井県越前市粟田部に一八七〇年に生まれている。同郷出身の自由新聞社社長、吉田健三（吉田茂の養父）の紹介で、まず秀英舎（現在の大日本印刷）に就職、三光社を経て一九〇〇年に三秀舎を立ち上げた。島は文学者・知識人との交友が多く、島崎藤村の『若菜集』初版は一八九七年八月に秀英舎で印刷されているが、再版は十月に三光社・島連太郎印刷発行となっている。

したがって三秀舎は文学書の出版が極めて多く、与謝野鉄幹の『明星』一九〇八年十月一日発行「菊花号」を印刷しており、続いて石川啄木が発行人となった『スバル』も三秀舎の印刷である。啄木は日記に三秀舎のことを記している。

「明治四十二年二月二十六日

午後一時、今ゆくという北原（北原白秋）の電話、太田（木下杢太郎）から三秀舎へ来てたすけてくれという電話、やがて北原が来てくれた、そして一緒に三秀舎へ行った（中略）

金田一（金田一京助）君から電車代かりて三秀舎にゆき、十二時まで共に校正した」（『啄木日記』下、河出文庫、一九五五年、一〇七頁）。

一九一〇年、文芸同人誌『白樺』が創刊される。創刊前から武者小路実篤、志賀直哉、有島武郎、里見弴《とん》らが原稿の校正のために三秀舎に通った。

「『白樺』の印刷所、神田の三秀舎に、やはり蚤がいた。（中略）直哉は編集や校正の仕事をめったに手伝おうとしなかった。たまに三秀舎二階の校正室へ顔を出すと、六号記事のゴシップにされたりする」（阿川弘之『志賀直哉（上）』新潮文庫、一九九七年、一七四〜一七五頁）。

後、島は『世界印刷通史　全二巻』『明治大正日本印刷術史』（ともに一九三〇年）を刊行。一九三六年郷里に図書館を建て、現在越前市島会館として地域文化に貢献している。また、一九四〇年、今村明恒が震災予防協会を設立した際、最初に二万円の巨額な寄付を申し出て深く感謝されている。一九四一年亡くなった（以上、「百年企業のれん三代記　第21回　株式会社三秀舎」KANDAアーカイブ：https://www.kandagakkai.org/wp/?p=453 、「島連太郎の三光社での活動時期と三秀舎の創業時期」日本語練習虫：https://uakira.hateblo.jp/entry/20170604、「三秀舎について」三秀舎：日本の知を刻みつづけて一世紀余：http://www.kksanshusha.co.jp/、今村明恒「震災予防協会の創立」https://www.jstage.jst.go.jp/article/zisin1929/13/6/13_6_162/_pdf/-char/ja)。

この会社に勤めていたとき、艮一は雑誌『新しき村』『白樺』などの校正刷りを持って、武者小路実篤・柳宗悦《むねよし》・小泉鉄《まがね》らを訪ね、接している（中岡、一四九頁）。「伯父の所にいた時、『新潮』『白樺』『新しき村』を読む癖がついて居り、いつの間にか文学が非常に好きになっていた」（中岡、一八四頁）。

武者小路実篤は著名と思われるので説明は不要であろう。『新しき村』は毛沢東思想のモデルになったとも言われる。「全世界の人間が天命を全うし各個人の内にすむ自我を完全に成長させることを理想とする」農村的ユートピアの建設事業であった。宮崎県に設置され、「世界」「自我の完全な成長」を理想としていた。

柳は、イギリスの画家・詩人ウィリアム・ブレイクに影響を受けていたが、一九一六年の朝鮮訪問から朝鮮芸術の美を発見し、民衆の暮らしのなかから生まれた美の世界を紹介する「民藝」に至る。小泉はゴーギャンの紹介などをしていたが、人類学的調査のために台湾に赴きネイティヴなものに新しい人類のあり方を模索していく。艮一の周辺には大正時代らしい文字通り「新しき」文学的・人類的新思潮が渦巻いており、その影響を受けずにはいられなかったのである（中岡、一四九頁）。

予審調書で、将来の方向を尋ねられた艮一は「劇の方面で立とうと思って居りました」「活動劇の台本の作家になろうと思って居りました」と答えている。「静かに読書するのが好きでした」とも言っている。

「『明治裏面史』「歴史漢詩」「新体詩」「文芸ものでは　トルストイ　ドストイエフスキ　ユーゴー等の翻訳小説を好んで読みました」。表層では政治への関心もあるのだが、それは外面的なものであり、深層にはトルストイらへの傾倒があるのである（「予審調書」一九二一年十一月十二日、『朝日新聞』一九二二年一月十四日）。

それは以下の証言からも裏付けられよう。

島は、事件前神田区議会議員選挙に立候補しており、この二週間忙しく、艮一は手伝いに来ていたが、「私の店にいる時はよく文芸書を耽読《たんどく》して居たが、政治方面の物などを好む風は見えず社会主義的な言行など勿論なかった」と語っている（『朝日新聞』一九二一年十一月五日）。

また、母信も、艮一が三秀舎にいた頃は、「文学に耽ってもいました」。やめてからは「時々原稿用紙に何か書いている位」で、「政談演説を聞きに行くでもなし」（『朝日新聞』一九二一年十一月六日夕刊）と語っている。

艮一の生活と「憂鬱」

政治に関心を抱くことになったきっかけについて法廷で、尼港事件（一九二〇年五月）と答えたので、裁判長から「研究して見たか」とさらに聞かれ「研究はしてみませんでした」と答えて「案外浅薄なことを暴露した」と記録者に書かれている（実録、一五八頁）。政治を口にするのだが、深く研究した形跡はないのである。表層的という所以である。

なお、母信（事件当時四十一歳）については次のような報道がある。「母信には、巣鴨水窪の牛肉屋で、中村藤吉（四十二）という情夫があって、繁く出入りしていた。母はおしゃべりで、近所でも金棒引と云われていた」。艮一は「時々母親と口論をし、今朝（四日）も何かしら口論をしていたようである」（『朝日新聞』一九二一年十一月五日）。

情夫という表現にも驚かされるが、事件後の艮一の発言や態度に母親への強い敵意や不満を感じさせるものはない。むしろ母親への愛情を感じさせられるものが多い。母親との悪い関係ということから艮一を理解しようとすると誤るであろう。

艮一の収入は日給一円二六銭で、島連太郎は、月収が五〇円くらい、母信の賃仕事、母の兄の浅利新から毎月きまって二〇円位の補助があった、妹峰子は島家へ住みこませ、末弟庸三との母子三人暮しをしていたと語っている（『朝日新聞』一九二二年十一月五日）。

艮一自身は、裁判で、収入は月四〇円位、母は針仕事をして、その両方で生活しており、母の兄の浅利新から補助をもらっていると語っているが、母には「幾何《いくばく》も入金しませんでした」とも言っている（実録、一五七頁）。艮一は、足繁く映画館に通い煙草も吸うので、金は足らなかったと見られる。このように、自分の収入を趣味などに使うことが多く、ために借金もよくしており、また事件の直前に島家に寄って金をもらっているように（伯母に金を借りたいと言い、伯母が三円出すと一円返し、返すことができないかも知れないと言うと、伯母は「内緒に遣るんだから返して」くれなくてもいいと言っている〈実録、二二五頁〉）、親戚の援助をもらうことが多かったように見られる。

また、三秀舎に勤めていた頃、艮一の唯一の楽しみは一年に一度、夏の一週間鎌倉の別荘で親戚・従兄弟たちと過ごすことだった。そのとき、制服を着て望みの学校に通っている他家の子供たちとは自分は別世界に住んでいるように思われ、自分の人生は「光彩のない淋しいものであった」。「是ではならぬ、何とかこの境遇を打開したいという気持に支配されて、今頃の言葉で言えば、憂鬱であった」という（中岡、一四九～一五〇頁）。

「恋の艮一」

さて、三秀舎の初代社長島連太郎の妻寿子は艮一の母信の姉であった。連太郎には実子がなく、弟の娘律子を養女とし、寿子の弟信次と結婚させて、信次に後を継がせていた。そして律子の妹縫子をも養女にしていた。

以下、この縫子との関係を中心に事件前の艮一の様子を、「恋の艮一」と裁判の証言などを整理しまとめると以下のようになる。

すでに山崎の記録に見たように、艮一はこの縫子に強い愛情を感じた。そして、弟の死後、艮一は縫子に「交際を求める」手紙を書いた。それに対し縫子から来た返事は、〝兄妹としての交際をしよう〟というものであった。

そこで、友達として付き合うことを了解する返事を書いたが、艮一の箱に入れてあった縫子の返事を伯父伯母が見つけた。二人は心配し、縫子の居所から艮一の居所を離し、艮一の居所を事務所に移した。また、縫子はこのことで姉律子から叱られた。

そして、結局一九一八年十月頃、艮一は島家を出ている。文芸に興味を持っており、計算するような仕事は向いていないと思ったからだと理由を言っているが、主な理由が縫子とのことなのは間違いないであろう。一か月ばかり遊んでから十一月上旬頃に元大塚駅長の世話で大塚駅に駅夫として勤務したのだった（実録、一五二〜一五三頁、「予審調書」一九二一年十一月十二日、『朝日新聞』一九二三年一月十四日）。そして、一九二一年三月三日、転轍手になっている。

しかしその後も、縫子のことは忘れられず、「其女（縫子）と将来苦楽を共にしようと思う」として、夜寝床を抜け出し日記にその思いを胸に「ペンを走らし」ていたのだった。そして、結婚により生活の安定を得ようとしていると島家に見られるのは堪えられないので「彼女の結婚後の生活を保証する」ために「今より一年間一生懸命で働こう　彼女のために、私のために」と強く書き込んでいた。

縫子との結婚を期してから急に勤務ぶりが変わり、転轍手の染谷進や滝川恒蔵、出札掛中村興らから、駅長の評判がよく特別賞与をもらえると言われたりしたこともあった。

ところが、前述のように日一円二六銭の給与で母と弟と暮らしていたが、好きな活動写真（映画）だけは月に何回となく行き続けており、『不良少女の一団』という映画に刺激を与えられたのか、艮一は染谷進や滝川と懇《ねんご》ろになった大槻敏子という女性にも心をよせ始めた。敏子は十六歳で実科高等女学校に入ったが、二日も三日も家をあける状態の「不良少女」であった。だから、心をよせたと言っても、艮一は不良少女の一団から敏子を救おうと自己を規定した。無理な設定に見えるが、縫子への気持ちは変わらないので、教化活動をしているということにせざるを得なかったのであろう（「恋の艮一（二）」『東京日日新聞』一九二一年十一月七日）。

敏子は西巣鴨町に住む三井物産関係の泰平組につとめる勝蔵の娘だが、女中から継母になったおいくなどは馬鹿にするような娘であった。そして、鳶職《とびしょく》の娘お富と時計屋の娘とで三人組をつくり、不良少女団の中でも羽振りを利かせており、巣鴨署に引っ張られる度にほこらし気な顔をする「莫連女」であった。

艮一とおなじ転轍手の染谷進とは二年前から関係をもっており、滝川恒蔵とも深い関係を持っていた。

艮一は敏子に素行を改めるよう手紙を書いた。「血の叫びを再読せよ！　予は敏子氏に警告を発すれど、その日は姿を見せなかった。今夜買物の帰途、氏を見受けしが、氏は予の姿を認めざるか、認めても予の警告を恐れて、知らぬ風をなし居るにあらざるか。氏は真《まこと》を予に打ち明けざれば、予も氏にたいして、救済すべき手段のとりようあらず、ああ、予は感情的なるため、事早計の嫌《きらい》あり」。

七月九日には、敏子の「尾行記」まで書いている。そして、滝川に敏子への気持ちがないことを確かめた上で結局、敏子に滝川との関係を断つよう、「人間的な愛の力で」「最後の忠告状を遣った」。敏子の両親がそれを読み、滝川と敏子の関係は断たれることになる。艮一は、これを「彼女に悲劇の行われざりしは何よりの喜び」としている。驚いたことにその上今度は、吉田文子という十六歳の別の不良少女を救うと日記に書いている。「教化活動」は一人では留まらないのである。

そして、このように敏子のことを思いながらも、やはり「初恋の縫子のことを忘れなかった」。しかし、「或る男の意地的な虚栄心から」「私の本心からではなかったが」「私は彼女と遠ざかった」「私は淋しい」「私は彼女を待っている、これから幾年経るとも……彼女はいま心の眼を疲らしている憐れなものだ」と書いている。事情はわからないが縫子にはほかの男性ができたと見られる。しかし、「彼女を待っている」のだった（「恋の艮一（二）」『東京日日新聞』一九二一年十一月八日、「恋の艮一（三）」『東京日日新聞』一九二一年十一月九日）。

懸賞映画脚本落選と暗殺決意

敏子を「救う」として、「敏子の君に　眼を病みし君の姿はうらさびし　夕暮あたりにたちこめし時」という歌を作っているが、これが縫子への思いが通じないので現れた代償的恋愛であることは明白であろう。裁判でも、裁判長が「（敏子は）縫子の面影に似て居るので恋しく思ったのか」と聞き、艮一は「左様かも知れません」と答えている。

裁判長「被告は大正十年九月頃縫子を思って居る事は前と少しも変らなかったか」

被告「左様であります」（実録、一六六〜一六七頁）。

本命はどこまでも縫子なのである。

以上は主として『恋の艮一』の三回目までの記事から著したが四回目にあたる回では、（縫子が正面に出て来ないことを別にすると山崎に述べたこととほぼ同じ内容が記載されているが、）艮一の情熱的性格など新しい点も指摘されているのでそれらを記載しておこう。

艮一は「熱狂詩人の如き性格」であった。「人間愛の『真』を訪ねようとして」「北海道か秋田の山中にはいって日本人の有つ『精神』と『愛』とを研究して見たい、そして宣伝するのだ、それには東京の人と連絡をとらなければならない」「斯うした熱情をば、出札係の中村興に投げかけた彼であった」。

「熱情がアカアカと燃え上がる時」、場所がわからなくなり、往来で大声で論じたり、自分の論旨が自分でわからなくなることも珍しくなかった。それは文章となり短編小説『若い名僧』『にきび』、長詩『七人姉妹』、協調会の懸賞映画劇『嵐の男』（法廷では『行く泉』といわれている）となった。『にきび』では号が「残石」となっており、夏目漱石の真似ではないかと思われる。

ここで、人間愛の探求のために「山中にはい」りたいというのは理解できるが、「東京の人と連絡をとらなければならない」というのはいささか奇妙な感じがする。しかし、これは中岡の頭の中に完全に『新しき村』のことがあったためであろう。「山中にはい」りっきりではなく、その成果を「宣伝する」のであり、そのためには「東京の人と連絡をとらなければならない」のである。マスメディアとの関係が強く意識され組み込まれていることがわかる。

九月一日発表の協調会の懸賞映画脚本は当選すれば三百円の賞金が出るということで、精魂込めて書き、締め切りの八月三十一日は仕事を休んで書き上げたとしている。しかし、八月三十一日が締め切りで、発表が九月一日というのは審査期間を考えるとおかしい。法廷では書いたのは七月十五日となっており艮一の思い違いであろう（実録、一六五頁）。『日記』に「九月一日を忘るる勿れ、我姓名の新聞紙に載れるとき」と書きつけてあり、最初これだけが新聞に掲載され、暗殺予定として話題になったが、これは当選作品の発表日と思ったからだった。しかし実際の発表は一ヵ月遅れて九月三十日になったのである。

その日は、駅へ出勤しても、仕事が手につかず、三度も四度も、帰宅して通知が来ないかたしかめたがその日は来ず、翌十月一日に協調会から来た通知状を見ると「落選」であった。「悲観は絶頂に達し」、翌日「出勤の途中で大宰相原氏を斃《たお》した短刀を買い求めたのである」。そして、その日夜、上野駅で一回目の襲撃を企図したのだった。犯行に使った、刃渡り六寸の白鞘の短刀を売った巣鴨町の古金物商中川右作は、新聞記者に次のように語っている。「中岡という男は、大塚駅へ出勤の往復に店の前を通るので、よく顔を見知っていました。警視庁の係官に、この男に売ったのかと訊ねられ、それに相違ないと断定できました。短刀を売ったのは九月三日（十月二日の誤り──筒井）の朝で、値段は三円でした。その折中岡は、近い中に日本アルプスに登山するから、護身用にするのだといっていました。刀の出来は堺ものですが、仲間内では、俗に青鞘《あおさや》といって、しごく悪い分の品で、昨年の八月十三日に、巣鴨宮下の鳥居整という人が、護身用としていたのが不用になったからというので、一円で買入れ、研ぎをかけて、店頭にならべていたのです」（『東京日日新聞』一九二一年十一月七日）。

最後に、次のように書かれている。艮一は、休みは筆に親しみ、また浅草で西洋ものの活動写真を見ほれて過ごした。帰ると俳優の表情などを真似し、人と喧嘩して怒るときは活動写真ばりであった。映画で見た、俳優の表情そのままに人を突く場面は薄気味悪く、「今回の凶行には活動写真の感化も多い」(『東京日日新聞』一九三一年十一月十日)。最後の部分は当時、少年非行の原因は映画とされることが多かったことの反映であろう。

なお、暗殺決意の際、それが名誉・名声に結びつくことが強く意識されていたことも見逃せない。裁判の際、裁判長から「被告は名誉と云う事を重んじてきたか」と聞かれ「左様でありますす」と答え、記録者から「名誉心の強いことを認める」と記述されている。さらにそれを押さえよう押さえようとしたが「心の底に矢張り名誉心がありました」としている（実録、一八五頁）。

以上、艮一の日記をはじめ、予審判事の記録、裁判資料、新聞記事などによって、事件前の艮一の行動や思考は明らかにされたと言うことができるであろう。政治的関心がなかったわけではないが、表面的なもので、その内奥を覆っていたのは恋愛・人間愛・映画・文芸作品執筆などであった。「恋の艮一」と名付けられた所以である。

この事件後、立憲国民党の近藤幹事長は「犯人は大した政治的の色彩はなくホンの一時的の刺激でやったものと思われる」、「政党的の色彩がなかったのは不幸中の幸い」と語り、小泉又次郎（小泉純一郎の祖父）憲政会幹事長も「政党的背景の色彩がなかったことをせめてもの慰め」としていた（『朝日新聞』一九二一年十一月六日、夕刊）。すなわち、政界の反応は、最初から政党的・政治的色彩の薄い事件だと捉えていたのである。この記事はさらにそれを強化したと見られよう。

事件後の艮一

艮一は、東京地裁で死刑が求刑されたが、一九二二年（大正十一年）六月十二日、無期懲役の判決を受けた。その後この判決を不当として東京控訴院に検事側から控訴が行なわれたが、東京控訴院は、十月二十七日に控訴を棄却して前判決通り中岡を無期懲役とし、橋本を無罪とする旨を言い渡した。中岡はこれに服し入獄した。

翌一九二三年（大正十二年）小菅から宮城刑務所に移され、その後獄則を守って模範囚と認められ、宮城刑務所の図書係をしている。

一九二四年の皇太子の御成婚の際に無期から二十年の減刑という恩典に浴し、一九二七年、大正天皇のご大葬で十五年となり、一九二八年、昭和天皇即位の御大典に依って十一年三カ月に減刑された。そして、一九三四年（昭和九年）一月三十一日に、刑務所から出た。三度まで恩典にあずかったのは、彼の態度が真面目だったからである。中岡は獄中で熱心に仏教や神道など宗教を研究している。

出所の頃は、佐郷屋留雄《さごうやとめお》の浜口雄幸《おさち》首相狙撃事件（一九三〇年）に続き、三二年に血盟団事件、五・一五事件が起き、その裁判報道が大々的になされ（一九三三年）、政党政治・金権政治への批判が世を覆っていた時代であった。中岡はそうした動きの先駆者のようなイメージが与えられていた。新聞記者は次のように言っている。

「君の後から佐郷屋が出て濱口首相を斃し、血盟団事件や五・一五事件が続いて起ったが、君がまア元祖と云った様なことになる」（中岡、二六六頁）。

「恋の艮一」のことは忘れられたのである。

出所の際は、水平運動に力を尽くすことを述べ、二月に関東社最高幹部会を訪れ一時間四十分意見を述べたが、「確固たる定見欠いた抽象論多い」として、運動としての折り合いがつかなかったことが報道されている（『朝日新聞』一九三四年二月五日）。

その後、満州に渡り「哈爾濱《ハルビン》南崗　第四軍管区司令部」に勤めていたことがあるようで、同部公用箋を使った自筆書簡と思われるものが原敬記念館に所蔵されている（http://harakeijiten.la.coocan.jp/page006.html）。

また、最近、出所後渡満し満州国軍政部にいたが帰国し、一九三六年九月から岡山県玉野市の町議の家に二年ほど滞在し書店員をしておりその後、海外行きを希望し出て行き、後満州から手紙が来たという報道がなされている（短冊に「花咲かず　陽のなき窓や　十三年　艮一」とある）（『山陽新聞』二〇一八年六月四日）。

その後荘河県公処弘報主任に着任し、イスラム教徒になっており一九四一年（昭和十六年）にはイスラム教徒の姜鳳芝と結婚している（『朝日新聞』一九四二年二月十九日）。戦後帰国し、一九八〇年（昭和五十五年）に七十七歳で死去したと言われる。

事件後の原首相側の動き

次に、事件後の原首相側の動きをまとめておこう。

一九二一年十一月四日、午後七時二十五分頃、倒れた原を東京駅長の高橋らが駅長室に運び込み応急処置を施したが、傷は右肺から心臓に達しており、ほぼ即死状態に近かった。知らせを受けた夫人が東京駅へ午後七時四十分頃に駆けつけ、自動車で遺体を芝公園の自宅へ運んだ。

原の遺書は事件後開けられたが、葬儀は地元盛岡で行い、母や兄の礼以上をなさぬこと、墓碑には位階勲等《いかいくんとう》を記さず、それらを辞退すべきこと、家計は「質素にこれを営むべし」とあった。さすがに「平民宰相」を以て任じただけのことはあると多くの人々を感動させた。政治資金をめぐる噂は絶えなかったが、個人のために使用した形跡は一切なく、要人らしからぬ東京の小さな一軒家は若い時農商務大臣秘書官の退職金で買ったもので土地は借地であった。

翌五日の政友会の議員総会などで遺言書に従い簡素な告別式が行なわれることが決まった。十一月七日、党本部大広間で告別式が行なわれた。弔問者の数は多数を数えたが「政敵」であった憲政会総裁の加藤高明が、浜口雄幸・下岡忠治の両総務を伴って参列した。

その後、霊柩《れいきゅう》は、午後十時に上野駅を出発。翌八日の午前十時に盛岡駅に到着した。午前十一時に同市古川端の原邸に霊柩は安置され、遺言書に従って簡素なお通夜が営まれた。十一日に大慈寺内で埋葬式が行なわれ、墓標に『原敬之墓』の四字が筆された。

現在、東京駅の丸の内南口北東面左端付近の、壁に説明板があり、事件の概要が記されている。また、床には円の内部に六角形の形をした目印がある。

東京駅の警備

次に原の警備の面について触れておきたい。それには、当時政友会の院外団で活躍し原に

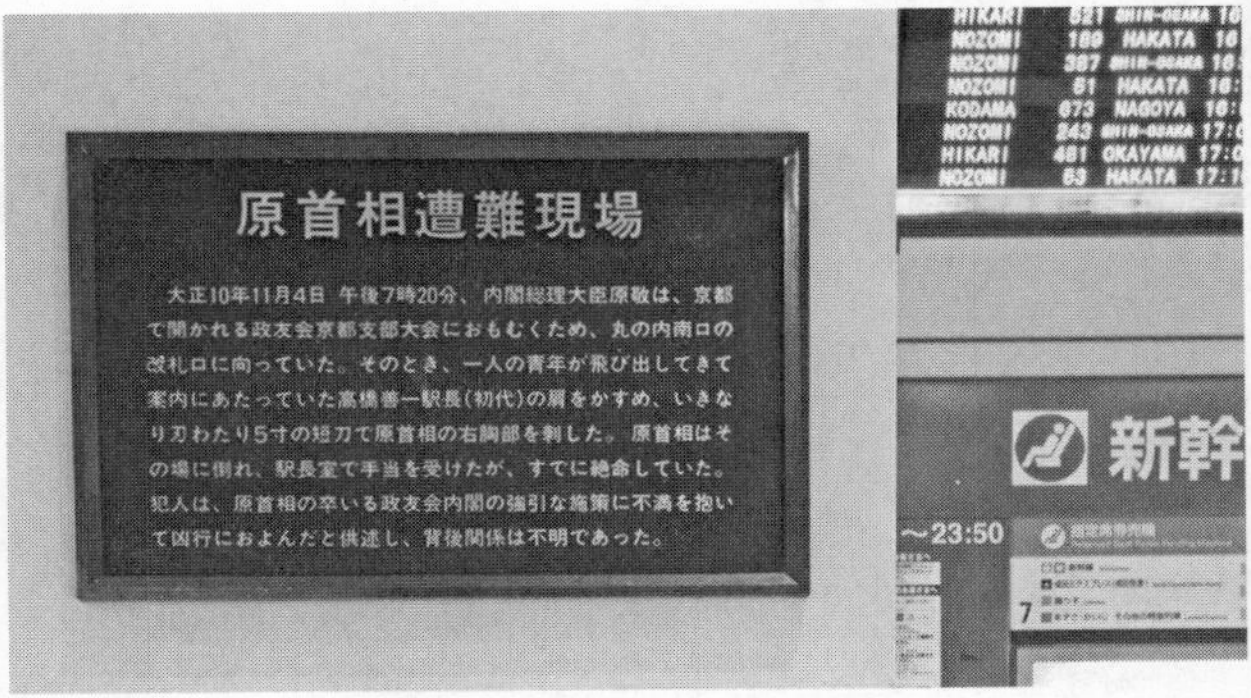
原首相遭難現場
大正10年11月4日 午後7時20分、内閣総理大臣原敬は、京都で開かれる政友会京都支部大会におもむくため、丸の内南口の改札口に向っていた。そのとき、一人の青年が飛び出してきて案内にあたっていた高橋善一駅長(初代)の肩をかすめ、いきなり刃わたり5寸の短刀で原首相の右胸部を刺した。原首相はその場に倒れ、駅長室で手当を受けたが、すでに絶命していた。犯人は、原首相の率いる政友会内閣の強引な施策に不満を抱いて凶行におよんだと供述し、背後関係は不明であった。
新幹
～23:50
東京駅の原敬暗殺事件の説明板

近かった肥田琢司《ひだたくじ》の記録が参考になる（肥田は後、一九二八年から衆議院議員〈政友会〉、当選四回）。

肥田は一九二一年七月下旬、船越光之丞《みつのじょう》に呼ばれた。船越は、山県有朋《やまがたありとも》の二女を妻とした貴族院議員で重鎮であった。船越は「原総理を斃すべしとの噂が巷間に漲《みなぎ》っておる」、護衛を十分にしても「これを避くることは難事」だ、原総理に山県と自分の意見だとして「桂冠（正しくは挂冠〈辞職の意〉―筒井）せられては如何にと、勧告してくれないか」と言った。

翌朝、肥田は原宅を訪問、これを伝えた。原は、深謝しつつ「自己の安全の為に桂冠する事は出来得ないので死を賭して国家の為に奉公する」と答えた。船越にこれを伝えると「惜しむべき人物を失うことになるであろうと嘆声を漏らされた」。

船越は肥田に、原が辞める気はない旨を山県に話しておくようにと勧めたので、八月一日、山県を訪問、これを伝えると、山県は「もう一度話してみてくれ」「原を政友会の犠牲にしてはならぬから頼む」と言った。

二日、高橋光威《みつたけ》内閣書記官長に会うと「最近の情報によると、総理の身辺が非常に危険である」ので東北大会に随行してもらいたいと頼まれた。「今後の大会には必ず私が随行をすると約束した」。

東北・北海道の旅行を無事すませ、九月上旬に帰京し高橋に報告、東北・北海道は大丈夫だが、「東京は特に注意と警戒を要することを累々《るる》と述べ、殊に近畿大会出席に際しては充分に警戒されるよう進言した」。

十月十五日、ワシントン会議に行く船越に会った。「原は必ずや兇刃に斃れると思う」「政友会のヤツ等は政友会あって国家無きの感がある。（中略）日本の前途を思う秋《とき》、大切なる国家の人材である原敬を失うことは残念である」、欧州を廻って米国に行くが着いた頃には「原敬は此の世になきものと思う」と「悲壮な言を置きみやげにして日本を出発された」。

十一月三日朝、総理官邸で高橋内閣書記官長に会い、原が出席する近畿大会の警備打ち合わせをした。東京駅は岡警視総監が警戒を厳重にして危害を加えさせたりしないから、肥田は先に列車に乗り車中を十分に警戒してもらいたい、横浜から配下を乗せ京都の警戒を厳重に頼むという話であった。

肥田は「今日の情勢からすると東京駅が最も危険である」から、自分と配下二、三名で原「総理の身辺に輪を組み守らせ」ピストルでも短刀でも「護衛者は死の覚悟でなくてはならぬと強く主張した」。しかし、高橋は、肥田と同じ広島県出身の望月（圭介）幹事長が肥田に「嫉妬心を持って」いるので、肥田が周囲にいると後で必ず文句を言うから「東京駅では君の姿が望月に触れぬように頼むとの懇願であった」。肥田はやむを得ず、「東京駅は岡警視総監や望月に護衛を委すことにし尚今一度警戒に注意をせられよと云って別れた」。

四日朝、原に会って以上の旨を伝え、「東京駅では総裁の傍にいない故充分に注意をせられるように話したところ、有難うとの一言があった。既に眼底には光るものがあったので私も思わず誘われて涙を催した」。

七時過ぎに東京駅に着き、原の乗る一等車に乗り車中を十分に警戒した上で、随行者を出迎えに向かわせたが一向に姿が見えぬところに「肥田さん総理がやられました」という絶叫があった。

肥田は「今尚思いきれない遺憾な点が二つある」という。一つは「護衛の指揮者である警視総監岡喜七郎は、原総理の斃れた時刻に新橋の待合に入り美妓をようし浅酌低唱しておったこと」である。

岡が、警視庁に移動する車の中で剣と帽子を忘れてきたことに気づき「狼狽」ぶりを見せたのはこれが原因だったわけである。山崎判事が、岡の進退伺に感じた「原幕下の四天王の一人と評判されていた岡総監としては、もっと護衛の仕方があったであろうという義憤的な考」は、正しかったのだ。

今一つは、望月圭介幹事長が「嫉妬心よりして私の護衛の任を妨げ幹事長の職を持ちながら院外団等に充分の警戒をなさしめなかったことである」「両人とも原先生の庇護により其の位置を得たものである」。

望月に関しては、高橋書記官長との間にどのような了解があったかが不明であるが、岡に関しては責任は免れない感じがする。しかし、警視総監は一九二二年六月十二日に堀田貢に代わっており岡はやめていない（肥田琢司『政党興亡五十年――わが歩みし足跡』国会通信社、一九五五年、一五〇～一五七頁）。

なお、政友会を問題にする船越らの発言を理解するには、『大阪毎日新聞』の「原氏の成程」と題した次の記事を知っておくとよいだろう。

「原首相は最初自分に刃を加えようとするものがあろうなどとは考えても居なかったが」昵《じっ》

懇《こん》者から危険性を指摘され「『成程』と合点し、以来そうした覚悟を持ったという」。「あの透徹な頭脳と比類稀な剛愎《ごうふく》との持主が、他から説かれたからと云ってあやふやのまま夫れに従う筈がない。自分で考えた末が成程になったものに相違ない」。

「原氏は何《ど》う考えて其成程に行き当《あた》ったか、政友会の勢威隆々普通手段では之に当ることが出来ないから、何処から何者が飛出して理不尽な卑怯な方法を取るかも知れぬ」「そんな考もあったであろうが」「もっと考えて隆々たる勢威の政友会内に幾多の不純が蔵せられて居ることをまざまざと見たであろう。

あの剛愎な原氏の目に『青く光る刃の切尖』が幻のように映り初めたのは、透徹した其頭脳で、政友会内の不純不正の分子が総裁原さんに『暗殺或は来らんとす』と覚悟させたのだ。

更に露骨にいえば政友会内獅子身中の虫が総裁を刺客の的にさしたのだ。

あの簡朴な遺言状を書くとき、原さんの胸中に徂徠《そらい》した黒い影は、未知の刺客の姿でなくして『おれを犠牲にするあいつらの顔』であったであろう。

多士済々たる政友会員中、総裁原敬氏の霊位に面して疚《やま》しからざるもの夫れ幾人かある」

(『大阪毎日新聞』一九二一年十一月十二日)。

根拠の乏しい陰謀論

艮一の犯行の背後に何らかの陰謀があるという説はいくつかある。どれも根拠に乏しく、暗殺事件がいかに陰謀論者に好まれるかの見本市のような状況である。

それらは、艮一が刑務所を出た後、満州で陸軍に雇われていたとか、減刑・出所が早かったとかおよそ根拠にならない理由ばかりである。

ただ、そういうものが現れる背景があることは否定できない。というのは、近衛文麿の関係者であった五百木良三《いおきりようぞう》という右翼人が暗殺前に、「二、三日中に原がやられます」と話したと後年近衛文麿が西園寺に話したからである（原田熊雄述、近衛泰子筆記、里見弴等補訂『西園寺公と政局』第一巻、岩波書店、一九五〇年、二二二頁）。

原暗殺説は、この年の春ごろからいくつも出ており、だから原は遺書を書いたのであるが、この五百木のより具体的な発言を根拠に陰謀説を立てる人が出てくるわけである。

そのうち具体的に陰謀者を名指しして論じたのが長文連『原首相暗殺』である。ここで長は、艮一の叔父の中村弥六《やろく》という人を取り上げて、いわば張本人としている。中村はアジア主義者で国会議員もした人だが、布引丸《ぬのびきまる》事件というフィリピン独立運動をめぐる事件の際、布引丸の中にあった中国革命で利用する予定であった武器などを売り払って、自分の利益にした人だという。

だが、艮一と中村の関係が何か明らかになっているかというとそれは全然ない。ただ、艮一が友人染谷に、首相を殺す仲間になれと勧め、芝公園一三号地に来い、金がすぐに作れるという趣旨のことを言った。

芝公園一三号地には柴四朗（東海散士）というアジア主義者が住んでいたので、艮一は柴に教唆を受けたのだと言うのである。しかし、五百木良三、中村弥六、柴四朗、中岡艮一の間の関係を立証する証拠は何もない。

後はもう、平沼騏一郎、鈴木喜三郎という司法当局の「陰謀」も根拠も明示されず作り出され、「東海散士や五百木良三らが、その暗殺断行の謀議をはじめたとき」とか「結局、柴四朗宅が、計画の策源地となっていたのである」（長、二六五頁）というような断定が証拠もなく書かれている（長、二六五頁）。

五百木良三の発言については、小川平吉の証言がある。暗殺前日、近衛邸で五百木が、原は「必ずやられる」と断言した。翌日、小川はこの発言をひどく気にしていたが、原と東京駅に同行し、原は暗殺された。「五百木の予言が余りにも的中したことに寧ろ慄然とした」

「近衛公爵も、五百木君が余りにも強く原氏の暗殺を予言されたので、もしや同君が何らかの関係を暗殺事件について持つものではなかろうかと、秘かに君の身辺を憂慮せられたのであった。当の御本人たる五百木君も犯人の素性、犯行の順序などが判明して自分とは全く未知の人であることが明らかになるまで、少なからず心配せられたということであった」（小川平吉「大陸政策・思想問題の先覚者」『日本及日本人　五百木良三追悼号』一九三七年八月、四七頁）。すなわち、五百木は、暗殺の前日に予言をしたが、翌日に実際に起きてからは自分に関係ないか「心配」したのである。五百木と暗殺に関係があるという説を立てるならば、この小川の文章を引用してなお根拠を示して否定論を立てるべきであろう（五百木については、松本健一『昭和史を陰で動かした男――忘れられたアジテーター・五百木飄亭』新潮選書、二〇一二年、参照）。

中村弥六については、現在布引丸事件との関連の検討など、中村復権の研究活動が始められており、この点についても真実ははっきりしてくるであろう（中村弥六研究会：https://www3.cuc.ac.jp/~zhao/yaroku1/NakamuraYaroku_index.html）。

雨宮昭一「原敬暗殺事件――「政党政治」の初めの終わり――」我妻栄等編『日本政治裁判史録　大正』（第一法規出版、一九六九年）は、五百木の発言をとり上げ「しかし、五百木ないし右翼団体と中岡の関係についての資料は見当らない」「背後関係の存在には筆者も否定的である」（三一四〜三一五頁）として見識を示している。

一々は取り上げないが、明確な史料的根拠のない暗殺の陰謀説などに懐疑的な視点を養うのが本来の歴史研究者の仕事であろう。

恋愛の断念と「成就」のための暗殺

中岡艮一は土佐出身の右翼青年のようなイメージがある。裁判の判決もそのように読めるようになっており、その後この点を深く究明したものがないのでこれにはやむを得ない点もあるだろう。しかし、事件後あまり間を置かずに出た『東京日日新聞』のスクープ連載のタイトルに見たようにその実像は「恋の艮一」であった。

日記を最初に読んだ東京日日新聞記者もしくは山崎予審判事が最初に気がついたように、この暗殺事件に至るまでの艮一の経緯を見るとき、その大きな動因は、懸賞脚本の当選による縫子との結婚生活の確保という人生最大の理想の破綻から来る絶望感と、暗殺による「名声」獲得であったように思われる。懸賞脚本の落選が暗殺用短刀の購入とその日の上野駅での決行（未遂）にストレートに結びついており、これほど明白な根拠はない。縫子との恋が実るか、そのための懸賞脚本入選が実現していればこの暗殺事件は起こらなかったであろう。

艮一が暗殺に至る経緯の中で、父から教えられた天下国家的・憂国志士的な傾向が表面的とはいえあったことは事実である。新聞などのマスメディアによる「腐敗・汚職・独裁政治家原敬」打倒のイメージが、そこに大きく覆いかぶさってきていた。「通り」がいいので裁判の判決もそれだけになっている。

しかし、艮一にとってそれは講談本や伊藤痴遊の『明治裏面史』愛読に見られるような普通の一般国民と同じレヴェルのものであった。武者小路実篤・『白樺』など文芸作品に親しんでいたインテリ的視点があったためそうした傾向を恥じる面があったことは、山崎判事との会話に「批評的」に読んでいると述べていたことから明白である。

艮一には、朝日平吾に見られたような、普通選挙運動などの活動をしたり社会主義や国家主義など政治についての書籍を読んだりした形跡はない。安田善次郎暗殺に出かける前の朝日の机上には協調会刊の社会主義に関する書物があったが、艮一の協調会とのつながりは映画懸賞脚本への応募であり、そこでの落選が事件との決定的つながりなのであった。

艮一の心理を覆っていたのは、縫子の歓心を買い、認められて結婚に至りたいということ

（及びその代償としての周辺女性との恋愛）であり、武者小路実篤的な「人間愛」的な小説・脚本の執筆であり、暗殺事件の直前でも二回行った浅草の映画館での西洋映画鑑賞であった。

懸賞脚本への応募の真因である縫子との結婚願望のさらにその奥に自らの置かれた境遇から来る「憂鬱」があったことは事実だが、（繰り返すが）それを政治的・社会的言論活動・集会参加など多くの政治青年が行ったやり方によって解決しようとする意識は希薄だった。

また、周囲が比較的裕福な中、艮一だけが父の病死のため、印刷所員・鉄道雇員として働かねばならず収入が月四〇円と相対的に貧しかったことも事実だが、頻繁な映画鑑賞に見られるように親戚の経済的支援があり絶対的窮迫状態に置かれているわけではなかった。しかし、人間は置かれている立場を周囲と比較して自己の評価を決めるのであって、周囲が比較的裕福な中、置かれた立場から一挙に脱出したいという願望はとくに強かったものと思われる。

元来内面的な方向に向かっていた面もあり、入牢中の読書が仏教や神道など宗教的方向に向かい、出獄後には結局、回教徒（ムスリム）になっていることはその一つの証左となろう。

しかし、印刷所というマスメディアの一端に勤めていたことから来る文芸志向と映画愛好

（ほぼマニアと言えよう。現代風に言えばオタクである）によりマスメディアの圧倒的影響力にさらされていたことは、明白であろう。とくに当時最新の流行文芸思潮『新しき村』『白樺』の影響は大きかったものと思われる。

『白樺』が、学習院在学中の武者公路実篤・志賀直哉らにより乃木希典院長の明治的武士道精神の教育に反発して始められた運動であることは著名である。志賀は、乃木の殉死を「『馬鹿な奴だ』という気が、丁度下女かなにかが無考えに何かした時感ずる心持と同じような感じ方で感じられた」（『志賀直哉全集』第十二巻、岩波書店、一九九九年、二一二頁）とし、彼らはロダンやゴーギャンを志向した。そうした深層の個人主義・人道主義・生命主義は元来、表層の天下国家的な暗殺などとは相容れないものなので、共有していたことに無理があるのだが、とにかく前者が拒絶されれば一時的に観念の中のみに押し込められ、その反動として後者（暗殺行為）が復讐的に急速に浮上し肥大化するということが起こりうる。しかし、どこまで行っても本来は前者である。

裁「原首相を仆《たお》せば縫子と一緒になれぬと云う事を考えたか。」

被「先方は如何なる考えを持って居様とも、自分は自己一身を亡して迄も縫子を恋愛して居れば可い、其心が先方に通じなくても別に差支えがない。自分が真に縫子を愛して居れば

同棲すると同棲しないとに拘わらず、夫れで満足であるのです。」（中略）
裁「原首相を仆す考えが無ければ縫子と一緒に為る考えで居たか。」
被「左様です。両立せぬから一方を断念しました。」（実録、一六七〜一六八頁）。
これを縫子が知ることを前提に艮一が話していることは言うまでもないから、なお求愛は続いているとも言えよう。

日本における劇場型犯罪の嚆矢

大正期を代表する恋愛事件、白蓮事件が公になったのが、一九二一年十月二十一日、原暗殺の少し前であった。北九州の炭鉱王・伊藤伝右衛門の妻柳原白蓮《やなぎわらびゃくれん》（歌人）が出奔し、社会運動家宮崎龍介と駆け落ちしたのである。白蓮から夫への絶縁状が新聞に公開され、さらに夫・伝右衛門からの反論も掲載された。マスメディアはスクープ合戦を繰り広げ、大衆の関心を引きつけていた。言うまでもなく、〝封建的・経済的抑圧に対する恋愛・自由の勝利〟が謳われたのである。

一方、恋愛至上主義を説いて一世を風靡《ふうび》した、厨川白村《くりやがわはくそん》の『近代の恋愛観』は一九二一年九月から十月にかけて東西朝日新聞に連載され、翌二二年三月に書籍として刊行されている。原暗殺の時点が連載終了の頃であった。

個人主義的恋愛至上主義を説く厨川の主張が、大きくは『白樺』派と軌を一にするものであることは言うまでもないだろう。

こうした一連の地点に艮一も立っていたのである。文学・映画愛好家の艮一の場合、ほとんど、恋か暗殺かに悩む恋愛小説や映画の主人公に自分を擬していたと言ってもよいかもしれない。

その意味では、この事件は日本における劇場型犯罪の嚆矢《こうし》であったと言ってもよいであろう。一見右翼的に見えるが、内実は、やはり大正期らしい、個人の内面的虚脱感に発し、マスメディアに大きく影響を受け、またそれに載ることを予期した、典型的劇場型暗殺事件であった。

結び

朝日平吾事件に通底している昭和の暗殺事件

大正期の暗殺の次には言うまでもなく、昭和前期の暗殺の時代が来る。政財界の要人が殺害された血盟団事件（一九三二年）、陸海軍の青年将校らによって犬養毅首相・牧野伸顕《のぶあき》前内大臣邸などが殺害・襲撃された五・一五事件（一九三二年）、岡田啓介首相・高橋是清元首相らが陸軍青年将校らに殺害・襲撃された二・二六事件（一九三六年）などが代表的なものである。

その場合、個人の暗殺を軸にする血盟団事件、五・一五事件と軍事クーデターである二・二六事件は大分性格を異《こと》にするが、これらの基底的方向が、朝日平吾の安田暗殺事件にあったことは間違いない（五・一五事件は、とくに計画の初期の段階で後者を目指していた点については、小山俊樹「五・一五事件の論理と心理――海軍青年将校たちの視点から」『軍事史学』五九巻一号、二〇二三年参照）。朝日は北一輝の『国家改造案原理大綱』に決定的影響を受けていたが、これらの事件も大きくはそれもしくはそれに近い「国家改造運動」「昭和維新運動」

だったからである。朝日は大正維新を言ったが、彼らは昭和維新を唱えたのである。

また、一九三一年八月に日本青年館で開かれた郷詩会（社）の会合に、北一輝の片腕西田税《みつぎ》ら、この三つの事件のメンバーが集まっていることもその証左となろう（ミクロに言えば、二・二六事件・陸軍青年将校運動にすら「改造主義」と「天皇主義」のような対立があったことについて拙著『二・二六事件と青年将校』吉川弘文館、二〇一四年、福家崇洋「二・二六前夜における国家改造案――大岸頼好『極秘皇国維新法案前編』を中心に」『文明構造論――京都大学大学院人間・環境学研究科現代文明論講座文明構造論分野論集』二〇一二年、vol.8、一〜八〇頁、各参照）。

すなわち、（すでに前章で一部見たように）井上準之助前蔵相を暗殺した血盟団事件の小沼正の場合、高等小学校卒業後、大工徒弟・小商店店員などを経て家族離散状態となり、貧困と苦悩の果てに血盟団の盟主井上日召《にっしょう》と出会い、「人間は人間らしく生きること」を追求してテロリストになったのだった。

暗殺者の家庭的・個人的不幸と当時の極端な貧富の差に対する不満が血盟団員の主要な犯行の動因なのであり、その意味では彼らはまぎれもなく朝日平吾の直接的後継者なのである（橋川文三『昭和ナショナリズムの諸相』名古屋大学出版会、一九九四年参照）。

また、二・二六事件の蹶起趣意書に彼らの蹶起《けっき》の「先駆捨身」として最初に挙げられたのは、朝日の影響下に現われた「中岡」であった（朝日が挙げられなかったのは朝日の対象が政治家でなかったからと思われる。また中岡の恋愛のことは忘れられていたようだ）。

そして、昭和恐慌による農村の疲弊に憤《いきどお》った庶民による「蹶起」としての血盟団事件や五・一五事件は、財閥のリーダーや首相らのエリート暗殺により、暗殺者に対する同情が集まりやすいものであった。

昭和八（一九三三）年の五・一五事件裁判では、青年将校を礼賛する新聞記事が連日掲載され、被告への減刑嘆願書が何万通も殺到した。また、事件後に発売されたレコード『五・一五音頭』では「男惚れする」「花はさくら木　男は三上」と青年将校が礼賛され、結婚志願者まで現われたのだった。

それらが明治以来の暗殺者への同情的世論につながっており、とりわけ朝日平吾事件を起点とする現代的暗殺事件の正統な後継者にあたるものであることを理解するのにはそれほど困難は要しないであろう（こうした事件についてさらに詳しくは以下の拙著を参照されたい。血盟団事件については『天皇・コロナ・ポピュリズム』ちくま新書、二〇二二年。五・一五事件については『戦前日本のポピュリズム』中公新書、二〇一八年。二・二六事件については『二・二六事

件と青年将校』吉川弘文館、二〇一四年）。

同情の文化的背景

以上をもとに、結論的考察に入っていきたい。

まず、明治の暗殺以前の日本の暗殺にかかわる文化の特質に触れ、その上で現われた明治・大正期の暗殺の特質を明らかにするという手順をとることにしたい。

大久保利通暗殺事件でまず驚かされたのは、暗殺者についての連載小説が愛読されるなど暗殺者への同情的文化が最初から存在したことであり、それは西野文太郎の墓への民間信仰的愛着、伊庭想太郎（八郎）人気と続き、明治暗殺史の主流となった。

これにはいくつかの事情があるが、すべての基礎として明治以前の暗殺に関わる文化の中に、それに同情的な文化的基体があったと見るしかなかろう。

それを探ると、結局以下の四点の長期的・歴史的・文化的起源があるということになると思われる。

（1）「判官《はんがん》びいき」

「判官びいき」は源義経・『義経記』に遡る。源平合戦の勝利にあたり大きく貢献した源義経が、次の時代の鎌倉幕府のリーダーである兄源頼朝に「いじめられ」奥州平泉まで落ちのび滅ぼされたという史実に発するものである。

実際は、頼朝を悪く見ることによって北条氏の覇権を正当化する目的で『吾妻鏡《あづまかがみ》』によって作り出された面もあるようだが（上横手雅敬編『源義経　流浪の勇者――京都・鎌倉・平泉』文英堂、二〇〇四年、六四〜六八頁）、いずれにせよ室町期に成立した『義経記』によって義経の物語は広汎化し、以後ほとんどすべての芸能ジャンルに取り入れられていった。そして、それとともに「判官びいき」は日本文化に基底的に存在する感情になっていったのである。

池田弥三郎は、国文学の島津久基『義経伝説と文学』（明治書院、一九三五年）と民俗学の柳田国男「東北文学の研究」『雪国の春』（角川文庫、一九五六年）、折口信夫《しのぶ》「『八島』語りの研究」『折口信夫全集』一七巻（中央公論社、一九六七年）の研究をもとに、「世や花に判官びいき春の風」『毛吹草《けふきぐさ》』（松江重頼編、寛永十五年〈一六三八年〉）や近松門左衛門の『心《しん》中宵庚申《じゅうよいごうしん》』（一七二二年）を挙げて江戸初期には「一般的に、弱い立場に置かれている者に対しては、あえて冷静に理非曲直を正そうとしないで、同情をよせ」る心理現象を指すようになっていたとしている。

それは「弱い者いじめの反対、つまり、弱きをたすけ強きをくじくという言動に対しては、無批判にかっさいを送ろうとする心理」であり、「弱者の位置に立たされた者に対しては、正当の理解や冷静な批判をかいた、かなり軽率な同情という形をとる」としている（池田弥三郎『日本芸能伝承論』中央公論社、一九六二年、二九九頁）。

池田の定義には、この感情への批判的視点も垣間見えて興味深いが、全体としては能の義経が子方《こかた》に演じられていることからして、「判官びいき」は貴種流離譚《きしゅりゅうりたん》であり、無力ではかない「幼き神」への同情として義経以前から存在した感情ではないかとしている（池田、三〇五〜三〇七頁）。これに対し和歌森太郎は、「蹴落とされるようにして悲運に泣くことになった」「落魄《らくはく》させられた義経」という認識を重要視している（和歌森太郎『判官びいきと日本人』木耳社、一九九一年、一六頁）。

無力で幼いものにせよ落魄させられたものにせよ、暗殺者が弱者・大衆であり被暗殺者が何らかのエリート・権力者である限り、日本人の暗殺者への視点には典型的にこの感情が見られることになると言ってよいだろう。

(2)御霊信仰に由来する非業の死を遂げた若者への鎮魂文化

早良《さわら》親王・菅原道真・崇徳上皇など非業《ひごう》の死を遂げた（もしくは自己犠牲的行為をして死んだ）人物の恨みが祟ることがないように祀ることを、御霊《ごりょう》信仰と言って日本文化・芸能の一つの有力な起源となって来ているが、それが若者の場合、とくに著しい。

日本神話の大和武尊に始まり、平将門、源義経、曽我兄弟、天草四郎、赤穂義士の矢頭右衛門七《えもしち》、白虎隊、など極めて多い。

暗殺者は一般にあまり高い社会的地位・権力的立場にない青年であることが多く、被暗殺者は社会的地位が高い権力的立場にある高齢者であることが多いので、この類型に極めて適合的となるのである。

この場合、死ななくとも大きな苦痛を受けていたことがわかれば、同情を受けるのに値し「アドヴァンテージ」は高く、非業の死もできるだけ自己犠牲的であることが鎮魂の対象になりやすい。そして、暗殺においては暗殺者が暗殺とともに自決すると自己犠牲度は最も高いことになる。

明治の場合、殺害された西野と自決した来島は一〇〇%該当し、相原ですら比較的早く亡くなったため同情を得られた。伊庭想太郎は五十歳であったが兄の青年剣士八郎がイメージとして存在したので間接的だが該当することになるわけである。

大正の朝日・中岡もそれに当たり朝日は自決し、昭和も血盟団員、陸海軍の青年将校と青年ばかりであり高齢者の暗殺者はなかった。すなわち、全体として一、二の例外を除くと暗殺者はほとんどが青年であり、極めてこの鎮魂文化の対象になりやすいのである。

(3) 仇討ち・報復・復仇的文化

古代以来仇討ちには様々な物語があるが、曽我兄弟の仇討ち物語はその五郎の名前から「五郎信仰」=「御霊信仰」の一つの起源ともなったとも言われる。五郎は全国に極めて多くの墓など関連遺跡があり、国民的広汎化を物語っている。そして、曽我兄弟物語は仇討ち物語の一つの元祖として様々な芸能ジャンルで採り上げられており、江戸期に入ってからも近松門左衛門は多くの曽我物を書いている。

とくに江戸時代には仇討ちは日本文化の中心の一つとなり、荒木又右衛門《またえもん》の伊賀上野の仇討ちなど事例も多いが、中でも赤穂義士のストーリーが『忠臣蔵』として最も著名であり最も親しまれてきた。

一八六八年、明治維新と同時に明治天皇は泉岳寺に勅使を派遣し、大石らの行為を賞し金《きん》幣《ぺい》を贈っており、この歴史的仇討ちは明治国家公認の行為となったのである（もちろん、当時の時点での仇討ち自体は、仇討ち禁止令により禁止となったが）。

また、来島が大隈襲撃の前に、桜田門外の変を起こした水戸浪士と同じ勝軍地蔵《しょうぐんじぞう》を参詣したことから、この変を一つのモデルとしていたことがわかるが、桜田門外の変は井伊直弼《なおすけ》による安政の大獄への報復として行なわれており、安政の大獄のため亡くなった死者の仇討ちでもあったのである。

『忠臣蔵』が典型だが、「討ち入り」は、「嫌がらせ」・「いじめ」に対し我慢に我慢を重ねてきた主人公が最後にそれを行なうことによって、大きなカタルシスを得るという劇的構成になっている（しかも、義士たちは全員切腹したので典型的自己犠牲的行為となり御霊信仰の対象ともなった）。

暗殺は「仇討ち」物語の最終局面＝「討ち入り」になぞらえやすいわけである。したがって、近代の最初の暗殺、紀尾井坂の変が小説とされたとき、それは一種の仇討ちとしてまず記述されたのだった。以後、明治では、暗殺は、旧幕府側・西南戦争などの不平士族側・文明開化下の国粋派など、敗れていった者もしくは敗れつつある者の「仇討ち」と見られ、共感を得やすかったのである。

(4) 暗殺による革命・変革・世直し

六四五年の乙巳《いつし》の変は、中大兄皇子らによる蘇我入鹿《そがのいるか》暗殺だが、それは大化改新という大きな変革につながっていった。暗殺はこうした何らかの革命・変革・世直しとつながると考えられることが多かった。

今日《こんにち》、あまり知られていないこととしては、佐野善左衛門による田沼意知《おきとも》暗殺がある。若年寄田沼意知は老中田沼意次の息子で、異例の出世をして若年寄となっていたが、一七八四年、佐野善左衛門政言《まさこと》(二十八歳)に江戸城内で斬りつけられ、八日後死亡した。

佐野は切腹、改易となったが、黄表紙『黒白水鏡《こくびやくみずかがみ》』(石部琴好《いしべきんこう》作、北尾政演画。一七八九年)が作られるなど老中田沼意次の賄賂・権力政治への批判は強く、佐野の行為は「義挙」とされ、佐野は「世直し大明神」として崇められ民衆の人気を集めたのである。浅草徳本寺《とくほんじ》にある佐野の墓は現存するが削り取られ、原形を留めておらず、人気のほどがわかる。

また、幕末、水戸浪士による井伊大老暗殺・桜田門外の変が大きくは明治維新につながったというのは、ある程度明治以後の常識であったし、以後の幕末のおびただしい暗殺は意図的に革命・変革・世直しを目指したものであり、結果的にそれは成功したのであった（それは明治以後の体制をどう見るかとは別の問題である）。

そして、明治政府という変革側の要人自身が暗殺者の側の人間であったという意識は、かなりの程度広汎に持たれていたと言えよう。

すなわち、暗殺を世直しや変革と結び付けてみる見方は、明治以降文化的・国民的にかなりの程度ビルトインされていたことなのである。明治の来島恒喜はもともと西郷軍に呼応して立ち上がった福岡の変の関係者であったから言うまでもなくこうした色彩が濃いが、むしろ大正昭和期に「大正維新」「昭和維新」という声でそれはより強く現われることになる。

以上、明治以降の暗殺はこうした長期的文化的背景の上に起きたのであった。一つの暗殺が一つの要素に該当するというよりも、複合的な要素が組み合わされたものが多いが、暗殺者を肯定し、同情し、礼賛さえする文化的バックグラウンドの上でそれらが起きたことは理解されよう。これらがなければあのような暗殺者への同情は起きなかったであろう。これは諸外国には見られない、かなり特異な日本の文化的特色である。

そして、これらに加えて明治期において重要なこととして、マスメディアの人的構成の問題がある。すなわち、近代日本の暗殺文化ができあがる明治期の統治エリート（被暗殺者側）は薩長の藩閥政府であったが、これを報道・論評する新聞などのマスメディア人の多くが維新に敗れた旧幕府人、反薩長藩閥の自由民権運動の立場に立った人々だったということである。

とくに新聞には、成島柳北《なるしまりゅうほく》（幕府奥儒者《おくじゅしゃ》、将軍侍講、騎兵頭、外国奉行）、栗本鋤雲《じょうん》（軍艦奉行、外国奉行）、沼間守一《ぬまもりかず》（幕府陸軍伝習隊歩兵頭並）のような旧幕府側の人間がいて、明治初期から中期にかけて、（東京日日新聞を除くと）自由党系の自由新聞、立憲改進党系の郵便報知新聞・東京横浜毎日新聞・朝野《ちょうや》新聞と、自由民権運動側に立つ反政府系のものが多く、政府指導者へのテロ事件には同情的傾向が強くなりがちなのであった。

「勝てば官軍　負くれば賊よ」という意識は広汎化しており、この賊軍側の意識には「判官びいき」などのあの四つの感情は極めてフィットしやすいのである。そして、それは概ね野党の立場と適合的であり、それは近代日本において野党とマスメディアの連合体の母体が形成されていくことに連なったとも見られよう。

現代的暗殺の特質

以上を前提に、最後に、明治の暗殺と大正期のそれとを比較し、大正期以来の現代的暗殺の特質を明らかにしていくことにしたい。

明治期の暗殺の多くは共通の特質を持っていた。それは士族中心的ということである。襲う方も襲われる方も士族かそれに類する存在だった。言いかえると、襲う方も場合によっては（すぐではないが）襲われる方になってもおかしくはないような存在であったということである。それは彼らが前時代の為政担当者である士族だからである。

その典型が来島であり、彼の行動は武士道そのものの体現であった。礼儀重視ということが言われたこともこのことにつながっているだろう。また、板垣や大隈や暗殺者（乃至《ないし》その遺族）との間に信頼関係のようなものを成立せしめえたのも一つにはこの士族同士ということがあったからと思われる。

これに対し、大正期以降は大衆の政治参加と並行して、暗殺者が士族かどうかということはほとんど意味がなくなっていった。朝日は士族でなく、中岡は士族だったが、すでに見たように恋愛に悩む「士族」だった。

むしろ問題は、暗殺者の抱えている内面の方にあり、その奥には政治経済問題の前に家庭的問題など何らかの個人的行き詰まりが必ず存在したのだった。

そして、朝日に典型視されるように、個人的不幸からくる内面的空虚感＝ニヒリズムが底にあって、その上にマスメディアの大きな影響力の下、大富豪と貧民というような政治社会問題が接合されて、大正的大衆社会的暗殺ができあがったのである。したがって、中岡のように「天下国家」的なことが言われていても、それは表面的なものに留まり本体は〝「自己一身を亡して迄も」と意気込んだ愛の破綻《はたん》〟という個人的事情にあった。

それが今日の暗殺にまでつながっていることは、事例をあげるまでもなく周知のことであろう。

そして、冒頭に整理しておいたように、近現代の自由民主主義政治＝議会制民主主義は基本的に高学歴の国会議員と官僚によって担われており、それに対し暗殺は学歴に無関係で資格の必要もなく、大衆の政治参加（その意味でのデモクラシー）という要素を強く満たすので、政治的社会的逼塞《ひっそく》状況ではその誘因は極めて強力なものになるのである。

こうしたなか、（繰り返すが）現代的暗殺の多くが何らかの家庭的不幸・社会的不平等に起因し、それを迎える土壌が今も変わらぬあの四つのバックグラウンドにある以上、暗殺が行なわれると、暗殺者の言い分・原因とされるものをくみ取ろうという態度に一般の人々は誘導されやすいことになる。

言うまでもなく、暗殺者の言い分を聞くことは、同じような企図を誘発し新たな暗殺を導く結果に結びつきやすい。だからといってこれら四つの重要な要素を、日本文化の伝統から排除することは難しく、ほとんど不可能に近いであろう。

その意味で、私たちは日本の「暗殺文化」に関わる「伝統」を知りながら、暗殺そのものは否定する文化をどう作り上げていくかという極めて難しい位置に今立っていることをまず何よりも自覚せねばならないと言えよう。本書がそれを考える一つのヒントになれば幸いである。

あとがき

著者がこのテーマに興味を持ったのは、室伏哲郎『日本のテロリスト——暗殺とクーデターの歴史』（弘文堂、一九六二年）という本を読んで以来である。今改めて見てみると、この本の著者は出版に際して謝意を、作家松本清張と読売新聞社の渡辺恒雄氏に宛てて書いている。

当時松本は推理作家という印象が強かったと思うが、『日本の黒い霧』などの日本近現代史についての仕事も始めており、それは『昭和史発掘』につながる。当時から史観への批判もあるが資料収集の功績は大きく、その関心から著者に執筆を勧めたのであろう。

渡辺氏はすでに『派閥——保守党の解剖』（弘文堂、一九五八年）を出しているが、そのほかにも現代政治の内部過程についてのアクチュアルな著作が多く、その分析は鋭利で今でも示唆されることが多い。

この二人が目を通したのであろう、もちろん当時の資料的制約はあるが、同書はこの方面についての戦後初めての著作であり、今日見ても十分一読に堪える。その後、何度も形を変えて発行されているのもゆえなしとしない。

当時の歴史研究者にはなじみにくいテーマであったのだろう、専門研究者による類書はほとんどない。こうした問題はノンフィクション的傾向の強いジャーナリストが扱うことが多かったように思われる。

ところが、あまり時間をおかず、筑摩書房の「現代日本思想大系」中に橋川文三編集の『超国家主義』の巻が出た（一九六四年）。そこに解説として「昭和超国家主義の諸相」が収められていたが、これは画期的なものだった。

橋川は朝日平吾に力点を置き、戦後知識人が「眉をひそめ、鼻口をおおって小走りに通りすぎるのが常であった」テロリストの内面に「東洋の君子人の伝統的モラール」を破って肉薄していったのである（橋川文三『昭和ナショナリズムの諸相』名古屋大学出版会、一九九四年、七〜八頁）。

朝日のことはすでに久野収が『現代日本の思想――その五つの渦』（鶴見俊輔との共著、岩波新書、一九五六年）で扱っており（「Ⅳ　日本の超国家主義―昭和維新の思想―」）、これも優れた論考であったが、さらに橋川は大きく一歩を進め、朝日の重要性を決定的にしたのだった。

大学院生になった頃、橋川と同じく丸山真男門下とでもいうべき脇圭平氏が同志社大学におられ京都に住んでいたのでお会いしたが、橋川の話になったときに、「あの朝日平吾の」と言われたので、その頃は橋川と言えば「朝日論」が評判だったとわかり興味深かった。また、丸山の超国家主義研究を初めて基底的に批判した橋川のこの論考はそれだけインパクトが大きかったのである。

そして結局、橋川氏の桜上水《さくらじょうすい》のお宅を訪れ、色々教えていただいた。同じ筑摩書房の『日本の百年』シリーズ執筆のため国会図書館に通い、雑本をたくさん読んだことがその後の著作の大きな栄養分になったということを話されていた。雑本とは庶民向きの政治・社会・文化などを扱った本をいうが、資料館・文書館にある公式文書ばかりの歴史研究では限界があることを早くから知っておられたのであろう。時代・社会の実相を知ろうとする人は雑本や新聞などをたくさん読まねばならないとこのとき思い知った。

本書もその大きな影響のもとに書かれていることはご覧の通りである。のち私自身が、橋川のこの方面の研究を集めた拙編『昭和ナショナリズムの諸相』を出すことになるとはもちろんその頃は夢にも思わなかったが。

一方その頃、この方面の研究は、みすず書房の高橋正衛《まさえ》氏が、『現代史資料』や末松太平《すえまつたへい》『私の昭和史』の刊行など、ほとんど一人で担っておられる感じだった。幸いみすず書房でお目にかかり教えを受けることができた。

折から高橋氏は、依頼され『血盟団事件公判速記録』（全三巻）を刊行されていた。一人で短時間でやったので無理がたたり大分胃を悪くしたと言われていたが、その依頼主が血盟団事件の小沼正氏であった。こうして、高橋氏に紹介されて『血盟団事件公判速記録』を入手かたがた、小沼氏のもとに伺い直接話を聞くことができた。

その少し前に毎日新聞社から『昭和思想史への証言』（一九六八年）という対談を集めた本が出ており、古在由重《こざいよししげ》、丸山真男、宮沢俊義、小林直樹各氏らと並んで小沼氏が入っていた。これらの人々とは大分タイプが違うのでやや意外な感じの人選だったが、読むと頭のいい人であることがわかる内容だった。実際、会ってみると非常に頭のいい鋭い感じの人であった。

こういう形で、私が研究を始めた一九七〇年代には大正・昭和前期を生きた研究対象のような人が、まだ何人も生きていたものである。なかでも大正時代の様子を知るのに一番参考になったのは寺田稲次郎《いねじろう》氏から話を聞いたことだった。北一輝の門下生で、大杉栄遺骨奪取事件（一九二三年）の当事者である。お宅は東京近郊にあった。テープレコーダーを持って出かけ、夜遅くなった。

北一輝の妻すずは、腿《もも》に短刀の刺し傷があったというような話をされた。

そのときこういう政治社会運動家というのは（当然だが）相当普通のサラリーマンなどとは違うタイプの人だと思うことが多かった。正確な言い方になるかどうかわからないが、朝日平吾というのは、こういうタイプの人間だろうと思い至ったものである。

寺田氏から話を聞いたとき、一九七〇年代の初めに一九二〇年代のことを聞いたのだから、この人にとって五十年位前の青年期のことを聞いたわけである。

「いや魔王が、大杉（栄）にねえ」と、北一輝などが生きているように話をされた。色々と記憶が塗り換えられたこともあるとは思うが、やはり時代の雰囲気というものは生きていた人でなければ語れぬところがあると痛感した。本書にそういうところが出ていれば幸いである。

こうして、私はまず一九七〇年代半ばに二・二六事件についての研究を発表し、その後様々な近現代史研究を行なってきたが、暗殺そのものを扱った著作は本書が初めてである。明治期については研究が進んでいて助かったこともあったが、あまり進んでいないテーマもあり、さらに大正期になると非常に研究が遅れていることを痛感した。橋川の言った「小走りに通りすぎる」知識人の「モラール」がまだ続いているところがあるような気がする。

本書は、一般財団法人鹿島平和研究所の近現代史研究会における発表が一つの契機となったものである。研究会から出版までたいへんお世話になった平泉信之会長に謝意を表したい。

同じく、出版にあたっては、ＰＨＰ研究所（立教大学大学院特任教授）の亀井善太郎氏に、また、図版などについてはニッセイ基礎研究所の三原岳氏に、それぞれお世話になったことを謝したい。

最後に、本書のもとになった『Ｖｏｉｃｅ』誌連載（二〇二三年四月号〜八月号）を担当いただいた中西史也氏、直接ご担当いただいたＰＨＰ新書の西村健編集長に謝意を表したい。

二〇二三年六月

筒井清忠

【写真出所・提供先】
P16,P19,P29,P45,P65,P103　出所：国立国会図書館「近代日本人の肖像」
P18,P25　三原岳氏提供
P21　出典：石黒敬章『幕末明治の肖像写真』（角川学芸出版）
P22　写真提供：共同通信社
P27　岐阜県博物館所蔵
P39,P59,P107　写真提供：毎日新聞社
P47　出典：岡保三郎編『来島恒喜』（重遠社）
P61　出所：東京都立図書館「TOKYOアーカイブ」
P67　出典：奥野貫『嗚呼朝日平吾』（神田出版社）
P163　写真提供：時事通信フォト

PHP新書
PHP INTERFACE
https://www.php.co.jp/

筒井清忠［つつい・きよただ］

帝京大学文学部日本文化学科教授・文学部長。1948年、大分県生まれ。京都大学文学部卒業。同大学大学院文学研究科博士課程単位取得退学。文学博士。奈良女子大学助教授、京都大学教授などを経て、現職。東京財団政策研究所主席研究員。専攻は日本近現代史、歴史社会学。

著書に『帝都復興の時代』(中公文庫)、『二・二六事件と青年将校』(吉川弘文館)、『近衛文麿』(岩波現代文庫)、『戦前日本のポピュリズム』(中公新書)、『天皇・コロナ・ポピュリズム』(ちくま新書)など。

近代日本暗殺史

PHP新書 1359

二〇二三年七月二十八日 第一版第一刷

著者——筒井清忠
発行者——永田貴之
発行所——株式会社PHP研究所
東京本部——〒135-8137 江東区豊洲5-6-52
ビジネス・教養出版部 ☎03-3520-9615(編集)
普及部 ☎03-3520-9630(販売)
京都本部——〒601-8411 京都市南区西九条北ノ内町11
組版——アイムデザイン株式会社
装幀者——芦澤泰偉＋明石すみれ
印刷所
製本所——大日本印刷株式会社

ISBN978-4-569-85509-7

PHP新書刊行にあたって

「繁栄を通じて平和と幸福を」(PEACE and HAPPINESS through PROSPERITY)の願いのもと、PHP研究所が創設されて今年で五十周年を迎えます。その歩みは、日本人が先の戦争を乗り越え、並々ならぬ努力を続けて、今日の繁栄を築き上げてきた軌跡に重なります。

しかし、平和で豊かな生活を手にした現在、多くの日本人は、自分が何のために生きているのか、どのように生きていきたいのかを、見失いつつあるように思われます。そして、その間にも、日本国内や世界のみならず地球規模での大きな変化が日々生起し、解決すべき問題となって私たちのもとに押し寄せてきます。

このような時代に人生の確かな価値を見出し、生きる喜びに満ちあふれた社会を実現するために、いま何が求められているのでしょうか。それは、先達が培ってきた知恵を紡ぎ直すこと、その上で自分たち一人一人がおかれた現実と進むべき未来について丹念に考えていくこと以外にはありません。

その営みは、単なる知識に終わらない深い思索へ、そしてよく生きるための哲学への旅でもあります。弊所が創設五十周年を迎えましたのを機に、PHP新書を創刊し、この新たな旅を読者と共に歩んでいきたいと思っています。多くの読者の共感と支援を心よりお願いいたします。

一九九六年十月

PHP研究所

PHP新書

［歴史］

061 なぜ国家は衰亡するのか　中西輝政
286 歴史学ってなんだ?　小田中直樹
755 日本人はなぜ日本のことを知らないのか　竹田恒泰
903 アジアを救った近代日本史講義　渡辺利夫
922 木材・石炭・シェールガス　石井　彰
1012 古代史の謎は「鉄」で解ける　長野正孝
1057 なぜ会津は希代の雄藩になったか　中村彰彦
1064 真田信之 父の知略に勝《まさ》った決断力　平山　優
1085 新渡戸稲造はなぜ『武士道』を書いたのか　草原克豪
1086 日本にしかない「商いの心」の謎を解く　呉　善花
1096 名刀に挑む　松田次泰
1104 一九四五　占守島の真実　相原秀起
1108 コミンテルンの謀略と日本の敗戦　江崎道朗
1115 古代の技術を知れば、『日本書紀』の謎が解ける　長野正孝
1116 国際法で読み解く戦後史の真実　倉山　満
1118 歴史の勉強法　山本博文
1121 明治維新で変わらなかった日本の核心　猪瀬直樹／磯田道史
1123 天皇は本当にただの象徴に堕ちたのか　竹田恒泰
1129 物流は世界史をどう変えたのか　玉木俊明
1130 なぜ日本だけが中国の呪縛から逃れられたのか　石　平
1138 吉原はスゴイ　堀口茉純
1141 福沢諭吉　しなやかな日本精神　小浜逸郎
1142 卑弥呼以前の倭国五〇〇年　大平　裕
1152 日本占領と「敗戦革命」の危機　江崎道朗
1160 明治天皇の世界史　倉山　満
1167 吉田松陰『孫子評註』を読む　森田吉彦
1168 特攻　知られざる内幕　戸髙一成［編］
1176 「縄文」の新常識を知れば 日本の謎が解ける　関　裕二
1177 「親日派」朝鮮人　消された歴史　拳骨拓史
1178 歌舞伎はスゴイ　堀口茉純
1181 日本の民主主義はなぜ世界一長く続いているのか　竹田恒泰
1185 戦略で読み解く日本合戦史　海上知明
1192 中国をつくった12人の悪党たち　石　平
1194 太平洋戦争の新常識　歴史街道編集部［編］
1197 朝鮮戦争と日本・台湾「侵略」工作　江崎道朗

1199 関ヶ原合戦は「作り話」だったのか　渡邊大門
1206 ウェストファリア体制　倉山 満
1207 本当の武士道とは何か　菅野覚明
1209 満洲事変　宮田昌明
1210 日本の心をつくった12人　石 平
1213 岩崎小彌太　武田晴人
1217 縄文文明と中国文明　関 裕二
1218 戦国時代を読み解く新視点　歴史街道編集部［編］
1228 太平洋戦争の名将たち　歴史街道編集部［編］
1243 源氏将軍断絶　坂井孝一
1255 海洋の古代日本史　関 裕二
1266 特攻隊員と大刀洗飛行場　安部龍太郎
1267 日本陸海軍、失敗の研究　歴史街道編集部［編］
1269 緒方竹虎と日本のインテリジェンス　江崎道朗
1276 武田三代　平山 優
1279 第二次大戦、諜報戦秘史　岡部 伸
1283 日米開戦の真因と誤算　歴史街道編集部［編］
1296 満洲国と日中戦争の真実　歴史街道編集部［編］
1308 女系で読み解く天皇の古代史　関 裕二
1311 日本人として知っておきたい琉球・沖縄史　原口 泉
1312 服部卓四郎と昭和陸軍　岩井秀一郎
1316 世界史としての「大東亜戦争」　細谷雄一［編著］
1318 地政学と歴史で読み解くロシアの行動原理　亀山陽司
1319 日本とロシアの近現代史　歴史街道編集部［編］
1322 地政学で読み解く日本合戦史　海上知明
1323 徳川家康と9つの危機　河合 敦
1335 昭和史の核心　保阪正康
1340 古代史のテクノロジー　長野正孝
1345 教養としての「戦国時代」　小和田哲男
1347 徳川家・松平家の51人　堀口茉純
1350 中国三大病　石 平
1351 歴史を知る読書　山内昌之

［社会・教育］

418 女性の品格　坂東眞理子
495 親の品格　坂東眞理子
504 生活保護vsワーキングプア　大山典宏
522 プロ法律家のクレーマー対応術　横山雅文
586 理系バカと文系バカ　竹内 薫［著］／嵯峨野功一［構成］
618 世界一幸福な国デンマークの暮らし方　千葉忠夫
621 コミュニケーション力を引き出す　平田オリザ／蓮行
629 テレビは見てはいけない　苫米地英人
854 女子校力　杉浦由美子
869 若者の取扱説明書　齋藤 孝

888 日本人はいつ日本が好きになったのか　竹田恒泰
987 量子コンピューターが本当にすごい　竹内 薫／丸山篤史［構成］
994 文系の壁　養老孟司
1022 社会を変えたい人のためのソーシャルビジネス入門　駒崎弘樹
1025 人類と地球の大問題　丹羽宇一郎
1032 なぜ疑似科学が社会を動かすのか　石川幹人
1040 世界のエリートなら誰でも知っているお洒落の本質　干場義雅
1059 広島大学は世界トップ100に入れるのか　山下柚実
1073 「やさしさ」過剰社会　榎本博明
1079 超ソロ社会　荒川和久
1087 羽田空港のひみつ　秋本俊二
1093 震災が起きた後で死なないために　野口 健
1106 御社の働き方改革、ここが間違ってます！　白河桃子
1125 『週刊文春』と『週刊新潮』闘うメディアの全内幕　花田紀凱／門田隆将
1128 男性という孤独な存在　橘木俊詔
1140 「情の力」で勝つ日本　日下公人
1144 未来を読む　ジャレド・ダイアモンドほか［著］　大野和基［インタビュー・編］
1146 「都市の正義」が地方を壊す　山下祐介
1149 世界の路地裏を歩いて見つけた「憧れのニッポン」　早坂 隆
1150 いじめを生む教室　荻上チキ
1151 オウム真理教事件とは何だったのか？　一橋文哉
1154 孤独の達人　諸富祥彦
1161 貧困を救えない国 日本　阿部彩／鈴木大介
1164 ユーチューバーが消滅する未来　岡田斗司夫
1183 本当に頭のいい子を育てる 世界標準の勉強法　茂木健一郎
1190 なぜ共働きも専業もしんどいのか　中野円佳
1201 未完の資本主義　ポール・クルーグマンほか［著］／大野和基［インタビュー・編］
1202 トイレは世界を救う　ジャック・シム［著］／近藤奈香［訳］
1219 本屋を守れ　藤原正彦
1223 教師崩壊　妹尾昌俊
1229 大分断　エマニュエル・トッド［著］／大野 舞［訳］
1231 未来を見る力　河合雅司
1233 男性の育休　小室淑恵／天野 妙
1234 AIの壁　養老孟司
1239 社会保障と財政の危機　鈴木 亘
1242 食料危機　井出留美
1247 日本の盲点　開沼 博
1249 働かないおじさんが御社をダメにする　白河桃子

1252 データ立国論 宮田裕章
1262 教師と学校の失敗学 妹尾昌俊
1263 同調圧力の正体 太田 肇
1264 子どもの発達格差 森口佑介
1271 自由の奪還 アンデシュ・ハンセンほか［著］／大野和基［インタビュー・編］
1277 転形期の世界 Voice編集部［編］
1280 東アジアが変える未来 Voice編集部［編］
1281 5000日後の世界 ケヴィン・ケリー［著］／大野和基［インタビュー・編］／服部桂［訳］
1286 人類が進化する未来 ジェニファー・ダウドナほか［著］／大野和基［インタビュー・編］
1290 近代の終わり ブライアン・レヴィンほか［著］／大野和基［インタビュー・編］
1291 日本のふしぎな夫婦同姓 中井治郎
1298 子どもが心配 養老孟司
1303 ウイルス学者の責任 宮沢孝幸
1307 過剰可視化社会 與那覇潤
1315 男が心配 奥田祥子
1321 奇跡の社会科学 中野剛志
1326 ネイチャー資本主義 夫馬賢治
1328 「立方体が描けない子」の学力を伸ばす 宮口幸治
1331 何もしないほうが得な日本 太田 肇
1334 指導者《リーダー》の不条理 菊澤研宗
1336 虐待したことを否定する親たち 宮口智恵
1343 ディープフェイクの衝撃 笹原和俊

［政治・外交］

893 語られざる中国の結末 宮家邦彦
898 なぜ中国から離れると日本はうまくいくのか 石 平
920 テレビが伝えない憲法の話 木村草太
931 中国の大問題 丹羽宇一郎
954 哀しき半島国家 韓国の結末 宮家邦彦
967 新・台湾の主張 李 登輝
979 なぜ中国は覇権の妄想をやめられないのか 石 平
988 従属国家論 佐伯啓思
1000 アメリカの戦争責任 竹田恒泰
1024 ヨーロッパから民主主義が消える 川口マーン惠美
1060 イギリス解体、EU崩落、ロシア台頭 岡部 伸
1076 日本人として知っておきたい「世界激変」の行方 中西輝政
1083 なぜローマ法王は世界を動かせるのか 徳安 茂
1122 強硬外交を反省する中国 宮本雄二
1124 チベット 自由への闘い 櫻井よしこ
1135 リベラルの毒に侵された日米の憂鬱 ケント・ギルバート

1137 「官僚とマスコミ」は嘘ばかり　髙橋洋一
1153 日本転覆テロの怖すぎる手口　兵頭二十八
1155 中国人民解放軍　茅原郁生
1157 二〇二五年、日中企業格差　近藤大介
1163 AI監視社会・中国の恐怖　宮崎正弘
1169 韓国壊乱　櫻井よしこ／洪 熒
1180 プーチン幻想　グレンコ・アンドリー
1188 シミュレーション日本降伏　北村 淳
1189 ウイグル人に何が起きているのか　福島香織
1196 イギリスの失敗　岡部 伸
1208 アメリカ 情報・文化支配の終焉　石澤靖治
1212 メディアが絶対に知らない2020年の米国と日本　渡瀬裕哉
1225 ルポ・外国人ぎらい　宮下洋一
1226 「NHKと新聞」は嘘ばかり　髙橋洋一
1231 米中時代の終焉　日高義樹
1236 韓国問題の新常識　Voice編集部［編］
1237 日本の新時代ビジョン　鹿島平和研究所・PHP総研［編］
1241 ウッドロー・ウィルソン　倉山 満
1248 劣化する民主主義　宮家邦彦
1250 賢慮《けんりょ》の世界史　佐藤 優／岡部 伸
1254 メルケル 仮面の裏側　川口マーン恵美
1260 中国vs.世界　安田峰俊
1261 NATOの教訓　グレンコ・アンドリー
1274 日本を前に進める　河野太郎
1287 トランプvsバイデン　村田晃嗣
1292 タリバンの眼《め》　佐藤和孝
1297 誤解しないための日韓関係講義　木村 幹
1300 お金で読み解く世界のニュース　大村大次郎
1304 儲かる！米国政治学　渡瀬裕哉
1306 ウクライナ戦争における中国の対ロ戦略　遠藤 誉
1309 「動物の権利」運動の正体　佐々木正明
1325 台湾に何が起きているのか　福島香織
1327 政治と暴力　福田 充

［経済・経営］

187 働くひとのためのキャリア・デザイン　金井壽宏
379 なぜトヨタは人を育てるのがうまいのか　若松義人
450 トヨタの上司は現場で何を伝えているのか　若松義人
543 ハイエク 知識社会の自由主義　池田信夫
587 微分・積分を知らずに経営を語るな　内山 力
594 新しい資本主義　原 丈人
752 日本企業にいま大切なこと　野中郁次郎／遠藤 功
852 ドラッカーとオーケストラの組織論　山岸淳子

892 知の最先端 クレイトン・クリステンセンほか[著]／大野和基[インタビュー・編]
901 ホワイト企業 高橋俊介
932 なぜローカル経済から日本は甦るのか 冨山和彦
958 ケインズの逆襲、ハイエクの慧眼 松尾 匡
985 新しいグローバルビジネスの教科書 山田英二
998 超インフラ論 藤井 聡
1023 大変化――経済学が教える二〇二〇年の日本と世界 竹中平蔵
1027 戦後経済史は嘘ばかり 髙橋洋一
1029 ハーバードでいちばん人気の国・日本 佐藤智恵
1033 自由のジレンマを解く 松尾 匡
1080 クラッシャー上司 松崎一葉
1084 セブン-イレブン1号店 繁盛する商い 山本憲司
1088 「年金問題」は嘘ばかり 髙橋洋一
1114 クルマを捨ててこそ地方は甦る 藤井 聡
1136 残念な職場 河合 薫
1162 なんで、その価格で売れちゃうの? 永井孝尚
1166 人生に奇跡を起こす営業のやり方 田口佳史／田村 潤
1172 お金の流れで読む 日本と世界の未来 ジム・ロジャーズ[著]／大野和基[訳]
1174 「消費増税」は嘘ばかり 髙橋洋一
1175 平成の教訓 竹中平蔵
1187 なぜデフレを放置してはいけないか 岩田規久男
1193 労働者の味方をやめた世界の左派政党 吉松 崇
1198 中国金融の実力と日本の戦略 柴田 聡
1203 売ってはいけない 永井孝尚
1204 ミルトン・フリードマンの日本経済論 柿埜真吾
1220 交渉力 橋下 徹
1230 変質する世界 Voice編集部[編]
1235 決算書は3項目だけ読めばいい 大村大次郎
1258 脱GHQ史観の経済学 田中秀臣
1265 決断力 橋下 徹
1273 自由と成長の経済学 柿埜真吾
1282 データエコノミー入門 野口悠紀雄
1295 101のデータで読む日本の未来 宮本弘曉
1299 なぜ、我々はマネジメントの道を歩むのか[新版] 田坂広志
1329 51のデータが明かす日本経済の構造 宮本弘曉
1337 プーチンの失敗と民主主義国の強さ 原田 泰
1342 逆境リーダーの挑戦 鈴木直道
1348 これからの時代に生き残るための経済学 倉山 満
1353 日銀の責任 野口悠紀雄